EXPOSITION UNIVERSELLE

EN 1872.

SECTION FRANÇAISE.

RAPPORT

SUR

L'INDUSTRIE MINÉRALE

PAR

M. GRUNER,

MEMBRE DU JURY INTERNATIONAL.

PARIS.

IMPRIMERIE NATIONALE.

M DCCC LXXV.

EXPOSITION UNIVERSELLE DE VIENNE

EN 1873.

SECTION FRANÇAISE.

RAPPORT

SUR

L'INDUSTRIE MINÉRALE

PAR

M. GRUNER,

MEMBRE DU JURY INTERNATIONAL.

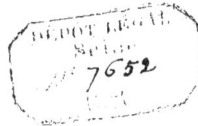

PARIS.

IMPRIMERIE NATIONALE.

M DCCC LXXIV.

INDUSTRIE MINÉRALE.

Lorsqu'on compare, au point de vue minier, l'Exposition de 1873 à celle de 1867, on est moins frappé par la nouveauté des procédés et des produits que par le prodigieux développement de l'industrie minérale dans toutes ses branches.

On a peu inventé, mais on a largement appliqué les inventions antérieures, perfectionné les procédés usuels, mieux exploré les gîtes connus.

Dans le domaine des mines, on ne peut guère citer, comme fait nouveau, que la découverte du riche dépôt diamantifère des rives de l'Orange dans le sud de l'Afrique, et la constatation d'amas énormes de sel gemme dans les vastes plaines du nord de l'Allemagne. Mais il faut signaler : l'accroissement général de la production houillère, qui s'élève aujourd'hui, pour le monde entier, à 250 millions de tonnes ; la transformation graduelle de l'industrie du fer, qui a fourni, l'année dernière, plus de 14 millions de tonnes de fonte et plus d'un million de tonnes d'acier ou de fer homogène fondus ; l'utilisation toujours plus générale des huiles minérales ; l'activité fiévreuse des mineurs américains dans le *far-west*, celle des Anglais en Australie et dans la Nouvelle-Zélande ; enfin la grande extension donnée à l'exploitation des sels de potasse en Allemagne, et des phosphorites en divers pays.

Au point de vue des appareils miniers et des procédés d'extraction, il convient de mentionner : l'application plus générale du fonçage des puits à niveau plein ; les perforateurs mécaniques à air comprimé ; l'emploi de la dynamite au lieu de poudre ; les grands ventilateurs pour l'aérage des mines, ceux de M. Guibal en particulier ; les machines pour le lavage de la houille, le roulage des matières abattues, l'épuration des combustibles pierreux, etc.

Dans les usines à fer, il faut surtout signaler : l'agrandissement progressif des hauts fourneaux; le soufflage à l'air surchauffé; l'adoption plus générale des procédés Bessemer et Martin, grâce auxquels la production de l'acier et du fer doux fondus dépasse déjà un million de tonnes; l'établissement d'appareils mécaniques, de plus en plus puissants, pour le travail des grosses pièces, et celui de presses ou de marteaux à matrices, pour la fabrication d'objets variés de moindres dimensions et de formes plus compliquées; dans les fonderies en particulier, le développement du moulage mécanique et la substitution de l'acier fondu à la fonte, lorsqu'il s'agit de pièces à très-forte résistance.

Dans le traitement des autres métaux, on peut faire remarquer la tendance qui consiste à substituer partout des méthodes plus rationnelles aux anciens procédés purement empiriques, et à tirer parti des produits accessoires autrefois négligés. C'est ainsi que l'utilisation de l'acide sulfureux, provenant du grillage des mattes et des minerais pyriteux, est aujourd'hui générale; au lieu d'un produit délétère qui gêne, on obtient de l'acide sulfurique, et parfois aussi de l'acide arsénieux, qui tous deux se placent à des prix relativement élevés. C'est ainsi aussi que, par l'association raisonnée des procédés de la voie ignée et de la voie humide, on est arrivé à mieux affiner le plomb, le nickel, le cobalt, à perfectionner le traitement des minerais d'argent et d'or, à préparer certains métaux rares, autrefois perdus, tels que le tungstène, l'urane, le bismuth, etc.

Dans ce vaste domaine de l'industrie minière, deux faits économiques importants ont spécialement attiré, dans ces derniers temps, l'attention des hommes d'État : la hausse extraordinaire du prix de la houille et le renchérissement du fer. On s'est demandé si le combustible allait déjà manquer à notre vieille Europe, et si le fer, dont la valeur avait graduellement baissé depuis trente années, suivrait désormais une marche inverse? A cette double question, l'Exposition de Vienne ne pouvait donner une réponse catégorique; mais, du moins, elle a réuni quelques documents qui en facilitent l'étude et la solution; par ce motif, je m'occuperai spécialement, dans ce rapport, de ces deux produits principaux de l'industrie minière, la houille et le fer.

I

COMBUSTIBLES MINÉRAUX.

De toutes les matières minérales, la houille est la plus importante à tous les points de vue. Non-seulement l'industrie moderne, avec ses chemins de fer, ses navires à vapeur, ses machines si variées, ses grandes usines, ne saurait se concevoir privée de houille; mais son importance relative ressort même de ce simple fait, que la valeur des combustibles minéraux, annuellement livrés à la consommation, dépasse de beaucoup celle de l'ensemble des minerais proprement dits.

En Angleterre, d'après les travaux du *Geological Survey*, la valeur totale de la houille extraite était déjà, en 1858, comptée sur les mines mêmes, de 407 millions de francs, lorsque celle des minerais ne s'élevait pas au delà de 150 millions : aujourd'hui, la production de la houille est doublée. En 1871, elle fut, dans le Royaume-Uni, de 117 millions de tonnes, valant 890 millions, tandis que le prix de tous les minerais réunis, y compris même le sel marin, les phosphorites, les argiles réfractaires, etc., n'a pas dépassé 310 millions.

En Prusse, en 1871, on trouve pour la houille et les lignites un poids de 33 millions de tonnes, valant sur les mines 254,500,000 francs; tandis que les minerais proprement dits, avec le sel et les ardoises, ne montent qu'à 69,500,000 francs, soit moins du tiers.

L'Allemagne entière a produit, en 1870, pour 232 millions de combustibles, contre 90 millions de matières minérales diverses.

En France, en 1869 (dernier rapport officiel), la production des combustibles minéraux s'élevait à 13,500,000 tonnes, d'une valeur de 156,490,000 francs, tandis que les autres matières minérales, y compris le sel marin, les argiles réfractaires, les ardoises, n'ont pas produit plus de 50 millions, c'est-à-dire, un tiers à peine, comme en Prusse.

Pour 1872, comme nous le verrons bientôt, la production houillère du monde entier peut être estimée à 250 millions de tonnes, ce qui, au prix moyen fort bas de 10 francs la tonne, correspond à une somme totale de 2 milliards et demi, tandis qu'on ne peut guère porter la valeur de tous les minerais, annuellement extraits, à plus de 1,600 millions.

Voici les éléments de cette somme, dont l'origine et les moyens d'appréciation seront discutés dans une annexe spéciale au présent rapport :

	d'or..........................	620 millions.
	d'argent.......................	180
	de platine.....................	2
	de fer........................	350
Minerais	de cuivre	175
	de plomb......................	77
	de zinc.......................	35
	de mercure	16
	d'étain.......................	80
	de manganèse..................	3
	A reporter...........	538 millions.

Report............	538 millions.
Pyrites de fer, environ.......................	20
Soufre..................................	30
Antimoine, cobalt, nickel, etc., au plus...........	12
TOTAL................	1,600 millions [1].

Ainsi, même en tenant compte des pays, dont la production minérale consiste uniquement en métaux précieux, comme la Californie, le Mexique, l'Australie, la Nouvelle-Zélande, etc., on arrive, pour l'ensemble de tous les minerais extraits, à une somme peu supérieure à celle de la moitié de la valeur de la houille. Par suite, les questions relatives à la production houillère priment les autres à tous les points de vue. Si la houille venait à manquer, les métaux les plus utiles, le fer, le cuivre, le zinc, manqueraient en même temps. Avec la rareté actuelle des bois, leur production serait impossible. On conçoit sans peine, d'après cela, que la hausse si prodigieuse qu'a subie la houille, en 1872 et au commencement de 1873, ait préoccupé les hommes d'État et provoqué, en divers pays, des enquêtes sérieuses sur l'avenir des bassins houillers et le développement progressif de l'industrie charbonnière.

Les chiffres que j'ai déjà cités prouvent qu'en Angleterre la production de la houille a presque doublé dans l'espace de quinze années. Elle est montée, de 65 millions de tonnes en 1858, à 117 millions en 1871, à 123 millions en 1872, et ne sera certainement pas fort éloignée de 130 millions en 1873. De même, si l'on compare 1831 à 1871, on constate, pour ces quarante années, un accroissement mesuré par le rapport de 1 à 6, soit 20 millions de tonnes contre 117.

Si cette progression ascendante devait se maintenir, on arriverait, vers l'an 1910 ou 1915, au chiffre exorbitant de 6 à 700 millions de tonnes. Beaucoup de personnes en ont conclu qu'à ce compte les bassins houillers du Royaume-Uni pourraient fort bien être épuisés avant la fin du siècle prochain ; et l'on se demande ce que l'Angleterre, ce que l'Europe, deviendraient alors !

Cette crainte d'un épuisement aussi prochain des riches dépôts houillers anglais ne serait, en effet, nullement chimérique, si la production pouvait réellement se développer indéfiniment suivant cette progression géométrique d'une production doublée tous les quinze à seize ans. Mais c'est là précisément ce qui est impossible. On oublie que la main-d'œuvre, cet élé-

---

[1] Ces chiffres représentent la valeur des minerais sur les *mines*, après simple prépara-tion mécanique, mais sans fusion, ni autre traitement métallurgique.

ment essentiel de toute industrie extractive, est forcément limitée par la nature même des choses.

En Angleterre, d'après le rapport de la Commission chargée de l'enquête parlementaire, close en juillet 1873, le poids de houille produit par homme et par année fut :

En 1864, de................................... 309 tonnes.
En 1866.................................... 314
En 1868.................................... 302
En 1870.................................... 321
En 1871.................................... 317
En 1872.................................... 299

En Prusse, on trouve, pour le même travail annuel de chaque ouvrier mineur, c'est-à-dire pour cet élément que l'on pourrait appeler la *production spécifique* d'un pays ou d'un district houiller :

En 1864.................................... 200 tonnes.
En 1871.................................... 220

En France [1] et surtout en Belgique, les chiffres sont plus faibles. La différence est due, en grande partie, à l'irrégularité des gîtes, au déhouillement plus complet des couches, à l'impureté des charbons, réclamant des triages et un lavage plus soignés; enfin, dans les mines de la Belgique, on peut signaler encore la faible puissance des couches, qui entraîne à son tour un nombreux personnel de garçons et de jeunes filles pour le roulage souterrain.

D'après les relevés officiels, on trouve, pour l'ensemble des houillères françaises :

En 1865.................................... 150 tonnes.
En 1867.................................... 153
En 1868.................................... 156
En 1869.................................... 159
En 1872.................................... 159

et pour les mines de houille de la Belgique :

En 1856.................................... 126 tonnes.
En 1857.................................... 112
En 1858.................................... 120

---

[1] A Saint-Étienne (Loire), à l'époque précédant l'exploitation par remblais complets (1840 à 1850), la production spécifique était comprise entre 250 et 300 tonnes; tandis qu'en 1869 on ne trouve plus que 200 tonnes. L'emploi plus général des machines et des chevaux n'a pas compensé la diminution de production spécifique due au déhouillement plus complet des couches.

En 1860	123 tonnes.
En 1862	124
En 1864	140
En 1870	148
En 1871	146
En 1872 (pour le Hainaut seul)	157

Ces chiffres, on le voit, varient peu d'une année à l'autre. En Angleterre, ils oscillent depuis longtemps autour de 300 tonnes; en France et en Belgique, entre 150 et 160. Il ne faudrait pas croire, d'ailleurs, que la production spécifique soit appelée à grandir dans l'avenir, grâce aux progrès de l'art des mines, en pratiquant, à l'aide de machines, les opérations principales de l'ouvrier mineur, le forage, le hâvage, le transport souterrain, etc. Ces méthodes perfectionnées peuvent expliquer le léger accroissement de production spécifique de la période 1869-1871, comparée à celle des années 1860 à 1865; mais on se tromperait grandement si l'on admettait, sous ce rapport, un progrès continu. En Angleterre, la production spécifique a diminué de 22 tonnes en 1872, comparativement à 1870; et à Saint-Étienne, elle est descendue de plus de 50 tonnes dès que l'on a mieux débouillé les couches puissantes et que les exploitations sont devenues plus profondes.

Dans les mines, l'emploi des machines sera toujours, par la force des choses, fort restreint, dès qu'il s'agit de l'abatage proprement dit de la houille, du boisage et de l'entretien des puits et galeries, etc. Outre cela, d'autres causes générales tendent à diminuer, dans l'avenir, la production spécifique.

Les travaux de mines s'étendent et s'approfondissent rapidement. Dans les bassins houillers belges, on a constaté que la profondeur des puits d'extraction s'accroissait de 100 mètres tous les dix ans, et que déjà, vers 1867, cette profondeur moyenne était de 400 mètres[1]. Or cet approfondissement graduel entraîne forcément un accroissement correspondant de main-d'œuvre par tonne. D'autre part, le prix de la houille a haussé partout depuis deux ans, et, si maintenant il y a de nouveau baisse par réaction naturelle, on ne reviendra pourtant jamais aux anciens prix. La hausse incessante est dans la nature des choses. Or cette hausse du prix de la houille a provoqué, à son tour, celle de la main-d'œuvre; de là, de la part des ouvriers, un travail moins soutenu, moins prolongé. L'élévation du prix de vente a, d'ailleurs, aussi pour conséquence la possibilité de pouvoir entamer à l'avenir des couches plus minces, et de débouiller d'une

[1] Voy. Annales des mines, 1869, t. XVI, p. 627.

façon plus complète celles qui, jusque-là, avaient seules pu être exploitées. C'est ce qui est arrivé à Saint-Étienne vers 1850, comme je viens de le dire.

Il y aura donc à l'avenir, en tous pays, un moindre gaspillage de nos richesses houillères[1]. Seulement, on ne peut réaliser ce progrès que par une production spécifique moindre; ou, en tout cas, on peut tout au plus admettre que les progrès successifs de l'art des mines compenseront la réduction amenée, dans la production spécifique, par l'approfondissement et l'extension continus des travaux souterrains. On est donc ainsi conduit à admettre qu'à l'avenir la production moyenne par homme et par année ne dépassera certainement pas 300 tonnes en Angleterre, ni 160 en France et en Belgique. Si donc, aujourd'hui, pour une production annuelle de 120 millions de tonnes, le personnel ouvrier est de $\frac{120\,000\,000}{300} = 400,000$[2], il devrait être, vers 1910, de 2 millions d'hommes pour une production quintuplée de 600 millions de tonnes. Ce seul chiffre de 2 millions d'ouvriers mineurs, correspondant à une population réelle de 10 millions d'âmes, prouve l'impossibilité d'une pareille production; car n'oublions pas qu'il faudrait admettre un développement parallèle de toutes les industries et, par suite, un accroissement proportionnel du personnel ouvrier dans toutes les branches de l'industrie anglaise. Par ces motifs, on arrivera, tôt ou tard, en tous pays, à un maximum de production houillère due à la nature même des choses.

En Angleterre, ce maximum ne me paraît pas pouvoir être supérieur à 200 millions de tonnes, ni en France, vu la faible étendue de nos bassins houillers, bien au-dessus de 30 millions de tonnes.

Si donc l'épuisement des bassins houillers est inévitable, il ne sera pourtant pas aussi prochain que certaines personnes ont paru le craindre. En admettant, avec M. Hull, que le stock houiller soit en Angleterre de 80 milliards de tonnes jusqu'à la profondeur de 1,200 mètres, on voit que l'épuisement des bassins anglais, jusqu'à ce niveau, ne serait complet qu'au bout de 400 ans, en partant de la production annuelle de 200 millions; et cette durée serait un minimum, puisque longtemps encore on sera au-dessous de ces 200 millions, et que les progrès de l'art des mines permettront certainement d'exploiter un jour à plus de 1,200 mètres[3]. On peut

---

[1] Aux États-Unis, où, grâce à l'abondance des houilles et la faible profondeur des mines, on se trouve encore dans cette période de mauvaise exploitation ou de gaspillage, on a pu exploiter, en 1870, 32,864,000 tonnes à l'aide de 94,754 ouvriers, soit 347 tonnes par homme et par année.

[2] D'après l'enquête houillère, ce personnel était, dans les mines de houille anglaises, en 1872, de 413,334 ouvriers pour 123 millions de tonnes.

[3] La possibilité d'extraction à des profondeurs de 1,200 à 1,300 mètres est d'autant plus certaine, que, dès maintenant, plusieurs

même ajouter que, selon les calculs du *Geological Survey*, le stock houiller atteindrait le chiffre de 146 milliards de tonnes, en tenant compte du prolongement probable des couches houillères sous certaines parties des terrains permiens et triasiques, et en les exploitant jusqu'au niveau de 1,300 mètres [1]. La durée probable se prolongerait ainsi pour le moins jusqu'à 750 années.

Comparons maintenant les divers pays au point de vue de l'extraction houillère.

L'Angleterre conserve toujours, à ce point de vue, son énorme supériorité; et pourtant cette supériorité relative commence à fléchir. En 1866, elle fournissait encore les 0,55 de la masse entière des houilles consommées; en 1872, elle atteint à peine la moitié des 250 millions de tonnes, auxquelles s'est élevée la production du monde entier.

Les pays dont la production croît aujourd'hui plus rapidement que celle de la Grande-Bretagne sont les États-Unis et l'Allemagne du Nord. Voici les chiffres de production de ces trois contrées en millions de tonnes, pendant le cours des dernières années :

	1866.	1870.	1871.	1872.
Grande-Bretagne.	101	110	117	123
États-Unis.	26	33,5	36 à 37	40 env.
Allemagne, y compris la Bavière et la Saxe.	27	34	37,6	40 env.

Après ces trois contrées, dont la production domine de beaucoup celle des autres pays, viennent ensuite la France et la Belgique, qui livrent depuis longtemps à la consommation des quantités à peu près égales.

Ce sont, en millions de tonnes :

	1864.	1867.	1870.	1871.	1872.
Pour la France.	11,2	12,7	13,2	13,5	15,9
Pour la Belgique.	11,1	12,7	13,7	13,7	15,6

L'Autriche-Hongrie tient le sixième rang sous le rapport des combustibles minéraux. Cette contrée se distingue surtout par l'abondance des lignites. Les terrains crétacés et tertiaires renferment toutes les variétés de

puits ont atteint 800 mètres en Belgique et au Hartz, et qu'aux mines de plomb de Przibram en Bohême, on est déjà parvenu à la profondeur de 950 mètres, et que l'on s'y apprête à descendre dès maintenant à 1,200 mètres.

[1] Rapport d'une commission nommée par le gouvernement anglais (1871). *Geol. Mag.* VIII, p. 517.

charbons fossiles, depuis les lignites gras ou lignites-bitumes à 9 p. o/o
d'hydrogène, jusqu'aux simples bois fossiles, dont la matière ligneuse est
parfois si peu altérée, que l'on a pu exposer à Vienne des meubles exclusivement confectionnés en bois de cette provenance.

La production de l'Autriche-Hongrie était, en millions de tonnes : en
1858, de 2,9; en 1868, de 7; en 1870, de 9; en 1871, de 9,5; en 1872,
d'environ 10.

Sur les 9,500,000 tonnes de 1871, 8,575,549 tonnes proviennent de
l'Autriche proprement dite, et, sur ce total, presque la moitié, soit
4,222,857 tonnes, se compose de lignites. La Bohême est d'ailleurs, de
toutes les provinces, la plus riche en charbon minéral; en 1871. elle a
fourni les 0,56 de la production entière, dont 2,517,850 tonnes de
houille et 2,375,900 tonnes de lignites.

Les amas de lignites sont, sur certains points, exceptionnellement puissants. En Bohême et en Styrie, on constate des bancs de 20, 30 et même
40 mètres d'épaisseur.

En Bohême, on les rencontre surtout au pied méridional de l'Erzge-
birg; en Styrie, dans la vallée de la Mur et le long de ses affluents.

Du reste, en Allemagne aussi les lignites sont fort abondants. Sur la
production entière de 37 millions de tonnes, en 1871, 7 millions se
composent de lignites qui proviennent surtout des régions volcaniques de
la Hesse et des larges vallées du Rhin, de la Saale, de l'Oder, etc.

Les autres pays houillers ne produisent encore chacun annuellement que
1 million de tonnes à peine; plusieurs cependant renferment de vastes
bassins houillers; on peut spécialement citer la Russie, le Canada, l'Australie, les Indes, la Chine, le Japon. Aussi leur production est-elle certainement appelée, dans un avenir prochain, à grandir rapidement.

Pour le moment, le chiffre de 250 millions de tonnes, précédemment
cité, se répartit ainsi entre les divers pays :

Grande-Bretagne.............................	123 millions.
États-Unis...................................	40
Allemagne...................................	40
France......................................	15,9
Belgique....................................	15,6
Autriche-Hongrie............................	10
Espagne....................................	1
Russie......................................	0,8
Colonies anglaises. Chili, Chine, Japon (au moins)......	3,7
TOTAL minimum...............	250,0

En 1865, l'extraction totale ne dépassait guère 180 millions.

C'est aux États-Unis que l'industrie houillère se développe aujourd'hui le plus rapidement; c'est le seul pays qui puisse un jour égaler l'Angleterre sous le rapport de la production houillère. Il dépassera même très-probablement la Grande-Bretagne à cet égard avant trente ans. On y exploitait 17 millions de tonnes en 1864, et deux fois autant en 1870. On sait, d'ailleurs, que l'étendue totale des bassins houillers de l'Amérique du Nord est dix fois plus considérable que celle du Royaume-Uni; mais là aussi, comme en Angleterre, le manque de bras limitera tôt ou tard l'accroissement indéfini de la production.

Malgré l'importance de l'industrie charbonnière, l'exposition de Vienne ne pouvait renfermer qu'un nombre assez restreint de spécimens de houille. Ces produits se ressemblent trop en tous pays pour offrir par eux-mêmes un intérêt réel. Dans les pavillons allemands, on voyait cependant, comme en 1867, un certain nombre de pyramides, ou d'obélisques, construits en blocs de houille, dont les dimensions relatives indiquaient l'accroissement graduel de la production. Des tableaux graphiques complétaient ces indications.

Les galeries autrichiennes offraient seules de nombreux échantillons, permettant d'étudier toute la série des combustibles minéraux, depuis les graphites et les anthracites anciens de la Bohême jusqu'aux bois fossiles les plus modernes des vallées alpines. On pouvait constater l'identité presque complète, au point de vue minéralogique et chimique, des charbons gras liasiques de Steyerdorf et de Fünfkirchen en Hongrie, avec les houilles paléozoïques proprement dites de Kladno en Bohême et d'Ostrau en Moravie.

Dans le bâtiment spécial de la Staatsbahn, on avait reproduit, en grandeur naturelle, avec des blocs de houille venus du Banat, la puissante couche de la formation liasique de Steyerdorf. C'est un charbon gras à cassure conchoïdale, entremêlé de parties fibreuses, dont la puissance réunie atteint 4 mètres sur certains points.

Dans les pavillons de la Styrie, de la Carinthie et de la Bohême, on voyait de même de nombreuses variétés de houilles et de lignites, ainsi que divers produits de ces combustibles, tels que cokes agglomérés, huiles minérales brutes et rectifiées, paraffine, etc., sans parler des composés dérivés de la benzine, devenus si importants, depuis dix à douze ans, dans le domaine de la teinturerie.

L'exposition de Vienne offrait peu de machines ou d'appareils spécialement affectés au travail des mines; d'ailleurs, à quelques rares exceptions près, ce sont des outils déjà connus. Je puis donc me borner à une rapide énumération.

Les outils de sondage étaient représentés par un ensemble très-complet de modèles et d'appareils de toute grandeur, avec échantillons des terrains traversés. On doit cette collection aux soins de MM. Mauget et Lippmann, de Paris, successeurs de MM. Laurent et Degousée.

Dans l'exposition belge, on voyait les modèles et les dessins du grand trépan, pour le forage des puits à grand diamètre, avec la boîte à mousse et l'appareil de cuvelage, du système Kind-Chaudron.

Comme perforateurs, on avait exposé les appareils mêmes qui ont servi au tunnel du Mont-Cenis, et le système simplifié de MM. Dubois et François de Seraing, aujourd'hui employé dans un grand nombre de mines. Un appareil analogue, la machine *Burleigh*, agissant verticalement pour le creusement des puits, se voyait dans l'un des pavillons de l'exposition autrichienne. On l'emploie, dans les carrières de la Moravie, pour fendre et débiter en dalles de grands blocs de granit. On perce, ou fore, suivant un même plan, une série de trous parallèles très-rapprochés.

La Compagnie de Sievers de Kall avait exposé l'appareil très-connu de *Sachs*.

Comme ventilateur figurait un grand appareil Guibal. On sait que ce puissant ventilateur est aujourd'hui adopté, non-seulement en Belgique et en France, mais encore dans un grand nombre de mines anglaises et allemandes. Plus de deux cents de ces appareils fonctionnaient, en 1872, dans les mines de houille de ces divers pays.

Citons encore: une machine d'extraction de M. Quillacq, d'Anzin; les plans d'une puissante machine d'épuisement du même ingénieur; des modèles de cages avec parachute, et de wagonets en tôle et en bois pour le transport intérieur de la houille, ainsi que divers autres appareils de M. l'ingénieur Libotte, de Charleroi.

Parmi les appareils propres au criblage et à la préparation de la houille, on doit mentionner, comme tout à fait nouveau, le système établi par M. Briart, aux mines de Mariemont et Bascoup, dans le Hainaut. Pour éviter le bris du charbon, on se sert d'une grille peu inclinée, composée alternativement de barreaux fixes et mobiles. Les barreaux mobiles sont réunis dans un cadre, supporté, à son extrémité inférieure, par deux bielles oscillantes, et, à son extrémité supérieure, par deux excentriques calés sur le même arbre. Lorsque l'arbre tourne, les barreaux mobiles se trouvent au-dessus du plan des barreaux fixes pendant l'une des moitiés de la révolution, et au-dessous pendant l'autre. Le sens du mouvement est d'ailleurs tel que, pendant la demi-révolution supérieure, les barreaux se meuvent du haut vers le bas de la grille. Il s'ensuit que, quand la grille se trouve chargée de houille, celle-ci est graduellement soulevée et doucement transportée d'amont en aval, à chaque demi-révolution supérieure du bouton de l'excentrique. Le criblage et le transport se font ainsi rapidement sans secousses ni bris de houille. Pour avoir trois catégories de grosseur, des fines, des gailleteries et du gros, il faut nécessairement deux appareils semblables, placés l'un au-dessous de l'autre. L'écartement des barreaux de la grille supérieure est de 14 à 16 centimètres; celui de la grille inférieure, de 3 1/2 à 4 centimètres. Une machine de 2 chevaux suffit pour le fonctionnement d'un appareil qui peut cribler, en dix heures, plus de 600 tonnes de houille. Le nombre des oscillations complètes est de trente-cinq par minute. Dans les essais comparatifs faits à Mariemont, les grilles mécaniques ont donné 49 p. o/o de gros et gailleteries, tandis que les anciennes grilles inclinées fixes n'ont pas dépassé 44 1/4 p. o/o. Les grilles sont d'ailleurs disposées de telle façon, que l'écartement des barreaux peut être rapidement modifié.

L'Exposition de Vienne ne renfermait aucun appareil nouveau de lavage, ni d'agglomération, pour combustibles menus. On regrettait de n'y pas voir les nouveaux laveurs de M. Évrard, de Saint-Étienne.

Les appareils plongeurs, pour travailler sous l'eau, ou dans les lieux à gaz irrespirables, figuraient surtout dans l'exposition allemande. On y voyait l'appareil Rouquayrol-Denayrouze, exposé par un négociant et fabricant de Kiel, MM. L. de Bremen et Cie. Il est juste de dire qu'on lui avait conservé le nom des inventeurs.

II

FER.

Si l'on en excepte l'or, la valeur des minerais de fer surpasse celle des autres minerais.

On peut l'estimer, au minimum, à la somme annuelle de 350 millions de francs, à raison de 10 francs par tonne de minerai.

Le poids des minerais de fer extraits a atteint, en effet, en 1872, environ 35 millions de tonnes, et, avec ces minerais, on a produit 14 millions de tonnes de fonte, 8 millions 1/2 de fer doux, forgé ou laminé, et 1 million d'acier et de fer homogène; tandis que, en 1865, le poids de la fonte n'avait encore atteint que 9 millions de tonnes.

On voit par là que la production du fer s'est développée plus rapidement encore que celle de la houille. Celle-ci est montée, en sept années, de 180 à 250 millions de tonnes, soit un accroissement mesuré par le rapport de 9 à 12,5; tandis que le poids de la fonte est passé de 9 à 14.

Cet accroissement notable a été surtout réalisé par la transformation des hauts fourneaux existants. Le nombre des hauts fourneaux en feu a plutôt diminué, mais leur volume a été augmenté et l'on y souffle du vent plus chaud.

La tendance qui prédomine dans les forges, depuis quelques années, est d'ailleurs la production de fontes pures, capables de fournir de l'acier, ou du fer fondu, en se servant des procédés Bessemer et Martin. On recherche partout les minerais riches et purs; en Angleterre, les hématites rouges du Cumberland; en Allemagne et en Autriche, les fers spathiques de Siegen et de Styrie; en France, les hématites brunes des Pyrénées, les carbonates manganésifères du Dauphiné et de la Savoie. Mais, comme ces gîtes sont insuffisants, l'Angleterre, l'Allemagne et la France s'adressent, en outre, aux riches mines de l'Algérie et de l'île d'Elbe, à l'Espagne et à la Scandinavie. Aussi le prix de ces minerais a-t-il partout notablement haussé. Les hématites du Cumberland valent aujourd'hui, sur le carreau de la mine, plus de 26 francs la tonne; et le minerai de Mokta, que l'on payait encore, il y a peu d'années, 12 francs rendu à bord au port de Bône, se vend aujourd'hui 20 francs, en moyenne.

Dans les ateliers d'affinage, on peut constater un double courant. Là où les fontes sont pures, on a recours aux appareils Bessemer et Martin, et alors, autant que possible, on se sert de fonte prise directement au haut fourneau; c'est du moins le cas en France et dans quelques usines du Cumberland, de la Suède et de l'Autriche. Par contre, lorsque les fontes sont impures, on ne peut se passer du puddlage proprement dit; mais on cherche à substituer partout aujourd'hui au travail manuel le brassage mécanique; on a recours aux systèmes Lemut, Dormoy, Danks, etc. Malheureusement, ce ne sont là encore que des solutions partielles, imparfaites, un simple acheminement vers quelque chose de mieux, mais non la solution définitive, radicale, du problème poursuivi. Le véritable puddlage mécanique reste encore à trouver. Un système fort simple, dû à M. Pernot, est depuis peu essayé à Saint-Chamond, dans les usines de MM. Pétin et Gaudet.

Ailleurs, on revient à la fabrication directe du fer en barres. Aux procédés Chenot ont succédé les tentatives Ponsard et Siemens; au lieu d'éponges, on cherche à produire des loupes, ou, mieux encore, des lingots, en associant le procédé de réduction à la méthode de fusion du système Martin. On voyait à l'Exposition des plans, des modèles et des produits divers de ces méthodes nouvelles, que l'on pratique surtout à Landore, près de Swansea.

Dans les ateliers d'élaboration, la tendance générale est l'accroissement de puissance des appareils mécaniques. On fabrique des rails de 9 à

12 mètres; des fers à I de 20 à 25 mètres sur 0^m,40 à 0^m,50 de hauteur; des tôles de 2^m,50 à 3 mètres de largeur; des plaques de blindage de 0^m,20 à 0^m,30 d'épaisseur, etc. A cet effet, on se sert de grands trios, ou de laminoirs à renversement sans volant, ou encore de laminoirs universels de divers genres, et, pour les tôles ordinaires, du nouveau laminoir *différentiel* de Lauth, qui s'est surtout répandu en Belgique.

Parmi les autres problèmes qui préoccupent les maîtres de forges, on peut encore citer la *déphosphoration* des fontes. On connaît les tentatives de MM. Heaton, Henderson, Tessié du Motay, Siemens, etc. Il en est de ces essais comme du puddlage mécanique. On a avancé la solution de la question, on en connaît les difficultés, on entrevoit la marche à suivre, mais le but n'est pas encore atteint. Dans tous ces procédés, la déphosphoration n'est que partielle; l'épuration totale paraît, du reste, presque impossible, dans la pratique des forges, et n'est peut-être même pas rigoureusement nécessaire. Les fers homogènes ordinaires, peu carburés, pour rails, peuvent retenir quelque peu de phosphore, sans compromettre outre mesure leur solidité. Et pourtant il n'en demeure pas moins certain, toutes choses égales d'ailleurs, que l'aigreur du métal croît avec la teneur en phosphore. L'exposition du Creusot contenait, sous ce rapport, une série fort instructive de fers et d'aciers plus ou moins purs.

Au nombre des questions soulevées à Vienne, du moins par des brochures, on doit mentionner celle de la nature ou de la définition de l'acier. Que faut-il réellement entendre par acier? M. Jordan, professeur à l'École centrale, et M. Greinert, chef de service des aciéries de Seraing, proposent d'appeler *acier* tous les produits *malléables* de la sidérurgie obtenus à l'état *fondu*, et de réserver le nom de *fer* aux produits malléables qui n'ont pas subi la fusion.

A ce compte, ce que l'on a appelé jusqu'à présent acier, dans tous les temps et dans tous les pays, ne serait que du fer! L'acier naturel (puddlé ou de forge), et l'acier cémenté, plus ou moins corroyé, ne seraient plus de l'acier, malgré les propriétés si particulières qui distinguent ce métal du fer doux.

Il serait au moins singulier qu'une simple opération *physique*, la fusion, eût sur le nom et les propriétés réelles du métal une influence plus grande que la nature *chimique!* On appellerait du même nom deux composés très-différents, par le seul motif qu'ils ont tous deux subi la fusion!

Il y a longtemps qu'on a fondu du fer doux dans les aciéries; il y a quarante ans que j'ai vu faire cette opération à la Bérardière, près de Saint-Étienne, alors dirigée par M. Leclerc, l'un des plus anciens fabricants d'acier fondu en France. Ce fer était aussi doux, aussi malléable, aussi peu susceptible de prendre la trempe après la fusion qu'avant. Le seul changement est une plus grande homogénéité, une plus grande propreté. Les parties scoriacées, les défauts de soudure, que l'on observe dans les fers simplement cinglés, disparaissent complétement par la fusion : ils deviennent, en un mot, homogènes; de là précisément ce nom de *fer homogène* que l'on a adopté, il y a longtemps, en Angleterre, pour désigner les fers fondus non susceptibles de prendre la trempe. Par la fusion au creuset, le fer absorbe tout au plus 2 à 3 dix-millièmes de silicium, qui ne modifient pas ses propriétés essentielles d'une façon sensible. Or, à côté de ces fers doux, fondus ou non fondus, il y a des fers durs qui durcissent surtout par la trempe, et dont les qualités essentielles, la dureté, l'élasticité, sont complétement indépendantes de l'opération physique appelée *fusion*. Là encore la fusion n'a d'autre effet que d'accroître l'homogénéité et souvent aussi la faible teneur en silicium. Ces fers durs sont d'ailleurs, par leur composition comme par leurs propriétés essentielles, placés entre les fers doux et les fontes; ils sont moins malléables, à chaud surtout, que les fers doux, et deviennent d'autant plus durs, par la trempe, qu'ils se rapprochent davantage des fontes par la proportion de carbone et celle des autres éléments que l'on rencontre unis au fer, ou dissous dans ce métal. L'acier, en un mot, qu'il soit fondu ou non, est un produit qui se place, à tous les points de vue, entre la fonte et le fer doux. Les produits ferreux si variés, que l'on rencontre dans les arts, forment, en effet, une série continue depuis le fer le plus mou et le plus pur jusqu'à la fonte la plus impure; ou plutôt ce sont deux séries continues, mais divergentes, commençant toutes deux au fer mou pur, l'une aboutissant à la fonte noire, en passant par l'acier non trempé ou recuit; l'autre se terminant à la fonte blanche, plus ou moins manganésifère, en passant par l'acier trempé.

Je crois donc devoir maintenir la définition de l'acier que j'ai donnée dans mon travail *sur l'acier et sa fabrication*, publié à la suite de l'Exposition de 1867[1].

Ainsi, seulement, on évitera la confusion inextricable dans laquelle on s'engagerait en adoptant les nouvelles définitions de MM. Greinert et Jordan.

J'appelle donc *acier*, qu'il soit fondu ou non, tout fer, plus ou moins pur, susceptible de prendre la trempe, mais qui est malléable à chaud et à froid, dès qu'il n'a pas subi ce refroidissement brusque.

On appellera *fer doux*, qu'il soit fondu ou non, tout fer malléable, à chaud et à froid, qui n'est pas susceptible de prendre la trempe.

[1] *Annales des mines*, t. XII de la 6ᵉ série (1867).

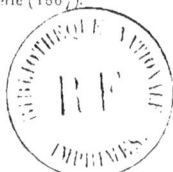

On pourra, d'ailleurs, sous-diviser le fer comme l'acier, selon le mode de fabrication adopté.

On distinguera toujours, dans les forges, d'une part, l'acier *naturel* (acier de forge et acier puddlé), ainsi que les aciers *cémenté, corroyé, raffiné,* puis, de l'autre, l'acier *fondu,* l'acier *Bessemer,* l'acier *Martin,* etc.

De même on distinguera le fer doux : en fer *soudé,* au bois ou à la houille (fer des bas foyers ou fer puddlé), et en fer *fondu,* dit *fer homogène;* puis on divisera ce dernier plus spécialement en fers homogènes Bessemer, Martin, Siemens, etc.

Seulement, on ne devra jamais oublier que, si les types sont bien caractérisés, il y a passage graduel d'un type à l'autre; que le fer doux homogène passe aussi bien, d'une façon insensible, à l'acier fondu, que le fer mou, simplement affiné et cinglé, passe, par le fer dur aciéreux, à l'acier naturel proprement dit, qui lui-même aboutit à l'acier sauvage pour filières (*wildstahl*), avant d'atteindre la fonte blanche proprement dite.

Les trois produits sidérurgiques, la fonte, le fer et l'acier, se répartissent ainsi parmi les divers pays.

En 1872, la production de la fonte fut :

Angleterre.......................... ...	6,723,387 tonnes.
États-Unis d'Amérique.....................	2,250,000
Allemagne (y compris l'Alsace-Lorraine pr 220.000)	1,600,000
France.............................	1.180,000
Belgique	655.565
Luxembourg	250,000
Autriche-Hongrie..................... ..	400,000
Suède et Norwége.....................	300,000
Russie.............................	360.000
Espagne.............................	34,500
Italie.............................	25,000
Canada, les Indes, etc., environ.............	100,000
TOTAL.......	13.878,452 tonnes.

Celle du fer doux non fondu :

Angleterre.	3,500,000 tonnes.
États-Unis d'Amérique.................	1,602,000
Allemagne (y compris l'Alsace-Lorraine pr 150,000).	1,150,000
France.............................	883,000
Belgique...........................	502,577
Autriche-Hongrie.....................	300,000
Suède et Norwége.....................	191,800
A reporter.......	8,129,377

Report..............	8,129.377	tonnes.
Russie................................	245,000	
Espagne...............................	35,600	
Italie.................................	24,000	
Canada, les Indes, etc., environ..............	70,000	
TOTAL......	8,503.977	tonnes.

Celle de l'acier et du fer homogène, principalement sous forme de métal Bessemer :

Angleterre (chiffre minimum)................	500,000	tonnes.
États-Unis	143,000	
Allemagne	200,000	
France................................	138,000	
Autriche-Hongrie........................	49,250	
Belgique	15,284	
Suède................................	12,000	
Russie................................	7,204	
Espagne...............................	250	
Autres pays[1] (chiffre insignifiant).............	"	
TOTAL......	1,064,988	tonnes.

Ce dernier chiffre, 1,065,000 tonnes, comprend environ 700,000 tonnes de rails et 365,000 tonnes de bandages, essieux, tôles et autres produits divers.

La production totale de 1873 doit s'éloigner peu de 1,250,000 tonnes. Lorsqu'on compare les chiffres précédents à ceux de l'année 1865, on constate surtout un accroissement prodigieux en ce qui concerne l'acier et le fer homogène. Tandis que la production de la fonte est montée de 9 à 14 millions de tonnes, celle de l'acier et du fer homogène a triplé.

Ainsi, en 1865, l'Angleterre ne produisait encore que 160,000 tonnes d'acier et de fer homogène fondus, et la France au plus 50,000 tonnes.

Les tableaux précédents montrent aussi que, si l'Angleterre fournit encore, en ce moment, la moitié de la fonte et de l'acier total, sa production en fer doux soudé ne s'élève déjà plus qu'au 0,41 du chiffre total.

Cette production relative tend à décroître, comme celle de la houille, par suite de la prodigieuse richesse des États-Unis en fer et en combustibles minéraux.

---

[1] L'Italie produit un peu d'acier puddlé, mais il est compris dans les 24,000 tonnes de fer ci-dessus rapportées.

Passons maintenant en revue les plus importants pays producteurs de fer.

ANGLETERRE.

En 1871, d'après les états statistiques officiels du *Geological Survey*, la masse totale des minerais de fer fondus en Angleterre s'est élevée à 16,859,000 tonnes, dont 324,000 tonnes[1] de minerais étrangers et 200,000 tonnes de pyrites grillées.

L'emploi de ces pyrites comme minerais de fer est un fait nouveau, qui montre la tendance actuelle des industries chimiques à ne négliger aucun des produits accessoires. Ces pyrites, venues d'Espagne et du Portugal, sont d'abord grillées, pour la fabrication de l'acide sulfurique, puis soumises à l'action du sel marin, qui enlève le cuivre et le soufre restants. L'épuration est assez complète pour que le résidu puisse être employé soit comme garnissage au four à puddler, soit comme minerais aux hauts fourneaux, du moins lorsque la pyrite n'est pas trop arsenicale.

En France, aussi, on commence à entrer dans la même voie. On livre aux hauts fourneaux de Givors une partie des pyrites de Saint-Bel, grillées dans les fabriques de Saint-Fons-sur-le-Rhône. On garantit 1/2 p. 100 comme teneur maximum en soufre.

Les 324,000 tonnes de minerais étrangers proviennent, en majeure partie, du nord de l'Espagne (de Sommo-Rostro, près de Bilbao); 55,000 viennent de l'Algérie, et 30,000 de l'île d'Elbe. Ce sont des minerais qui coûtent 25 à 30 francs la tonne, rendus en Angleterre.

Les minerais indigènes sont de trois sortes :

Minerais riches et purs (hématites rouges du Cumberland et du Lancashire)...............	2,200,000 tonnes.
Minerais oolithiques de la formation jurassique...	6,000,000
Minerais houillers et quelques autres minerais divers................................	8,135,000
TOTAL......	16,335,000 tonnes.

La production a doublé en treize ans; elle était de 8,041,000 tonnes en 1858[2]. L'accroissement porte surtout sur les hématites et les minerais oolithiques.

En 1858, on ne tirait que 770,000 tonnes d'hématites pures, et seulement 1,600,200 de minerais oolithiques.

---

[1] En 1872, l'importation a même dépassé 600,000 tonnes.

[2] *État présent de la métallurgie du fer en Angleterre*, par MM. Gruner et Lan.

Un changement plus important encore est le renchérissement excep-
tionnel des minerais purs, dû au développement du procédé Bessemer.

En 1858, les hématites rouges valaient, sur les mines, 10 shillings
6 pence, soit 13 francs la tonne; tandis que, dès 1871, leur prix a
dépassé 1 livre sterling, soit 26 francs en moyenne. La valeur des hématites a, par suite, doublé depuis treize ans, lorsque le prix moyen de tous
les minerais anglais, pris dans leur ensemble, qui était de 8 francs
en 1858 sur les mines, n'est monté qu'à 12 francs en 1871. C'est à
ce renchérissement extraordinaire des minerais indigènes purs qu'il faut
surtout attribuer la possibilité de l'importation actuelle des minerais
étrangers.

D'après les statistiques officielles, la production et l'exportation de la
fonte ont atteint, en Angleterre, les chiffres suivants :

Années.	Poids de la fonte produite.	Poids de la fonte exportée.
1867	4,761,023 tonnes.	567,319 tonnes.
1869	5,445,757	711,612
1871	6,627,179	1,057,458
1872	6,723,387	1,332,726

On voit que l'exportation surtout a pris un énorme développement;
elle a presque doublé de 1869 à 1872. Le fait est d'autant plus remarquable que l'exportation du fer en barres a, au contraire, diminué pendant cette même période, et que celle des rails est demeurée à peu près
stationnaire, entre 900,000 et 1 million de tonnes par année.

Le prix des fontes, qui était resté sensiblement le même jusqu'en 1870,
s'est élevé brusquement de 1870 à 1872 :

Le prix de vente moyen fut, en 1870, { en Écosse, de....... 2 £ 19 sh. 3 p.
{ dans le Cleveland, de.. 2   9   6

Tandis qu'en 1872 il a été........ { en Écosse, de....... 5   10   "
{ dans le Cleveland, de.. 5   4   6

La production de la fonte a pris surtout un rapide développement dans
le district des minerais oolithiques du Cleveland.

Ce minerai y fut découvert en 1850. Or, dès l'année 1858, on y a produit 512,000 tonnes de fonte, et, en 1872, le chiffre presque quadruple
de 1,968,972 tonnes. Cet énorme accroissement est dû à la fois à l'aug-
mentation du nombre et des dimensions des fourneaux.

La production moyenne annuelle des hauts fourneaux du Cleveland

n'était, en effet, d'après M. L. Bell, que de 8,000 tonnes en 1863
contre 16,000 tonnes en 1872. Ajoutons que le nombre total des
hauts fourneaux en activité, dans le Royaume-Uni, fut de 633 en 1857.
pour une production de 3,659,447 tonnes, contre 674 en 1871. pour
6,627,179 tonnes.

Ainsi, dans l'ensemble du pays, on constate aussi une production spécifique par fourneau presque double.

Grâce à l'abondance et au bas prix de la houille, les maîtres de forges
anglais se sont, pendant longtemps, fort peu préoccupés de la consommation par tonne de fonte. Mais la question a changé de face depuis
quelques années. Le prix croissant de la houille a conduit, dans le Cleveland
surtout, à un exhaussement inusité des hauts fourneaux et au chauffage plus
énergique du vent. On est ainsi arrivé à abaisser, dans ce district, la consommation de 3 1/2 tonnes de houille par tonne de fonte, au chiffre actuel
de 2 tonnes à 2 1/4 tonnes; soit aujourd'hui 5 1/2 tonnes de houille par
tonne de rails ou de gros fer. Malgré cela, l'industrie du fer absorbe encore aujourd'hui, en Angleterre, les 0,30 de l'énorme production houillère,
c'est-à-dire près de 40 millions de tonnes.

Dans le district des hématites rouges, le développement de la fabrication
de la fonte a été également des plus remarquables depuis dix ans :

En 1859, la production n'était encore que de . . . . . .   77,736 tonnes.
En 1861, de   169,951
En 1872 (Lancashire et Cumberland), de   965,000

Or, la majeure partie de cette fonte est transformée, en Angleterre ou
ailleurs, en acier ou fer homogène Bessemer.

La production du fer doux *soudé* est difficile à évaluer exactement en
Angleterre. Les états statistiques du *Survey* ne donnent que le nombre des
fours à puddler en activité, et non le poids de fer fabriqué. Lors de la
récente enquête sur la houille, M. L. Bell a évalué la production moyenne
des fours à puddler à 500 tonnes de fer fini par année. Ce chiffre serait
trop faible pour la France, où le travail des forges est de six jours par semaine au lieu de cinq, et le puddlage plus rapide, à cause de la nature
moins chaude des fontes[1]. Mais ce chiffre de 500 tonnes s'accorde, en
Angleterre, avec le poids de fonte qui reste disponible pour les forges,
lorsqu'on défalque de la production totale les quantités exportées ou affinées dans les convertisseurs Bessemer.

[1] En France, la production moyenne d'un
four de puddlage est de 700 tonnes de fer
marchand. Ainsi, en 1864, on a produit
706,250 tonnes de fer à l'aide de 1,022 fours
de puddlage.

Les statistiques officielles donnent, en effet, pour 1871, un nombre de 6,841 fours de puddlage en activité, ce qui correspond à :

3,420,000 tonnes de fer marchand, provenant de..	4,275,000 t. de fonte.
Or on a exporté en 1871	1,057,458
D'autre part, le poids de fonte traitée dans l'appareil Bessemer est d'environ	450,000
Donc, poids total de la fonte affinée ou exportée..	5,782,458
Ce qui laisse comme fonte de 1re fusion pour moulage, consommée en Angleterre.	844,721
PRODUCTION TOTALE en 1871	6,627,179

Pour l'année 1872, la quantité de fer marchand obtenu par voie de puddlage, en Angleterre, peut être estimée à 3,500,000 tonnes.

Grâce au procédé Bessemer, la fabrication de l'acier et du fer homogène ont fait d'énormes progrès depuis dix ans dans le Royaume-Uni.

En 1860, la production totale en aciers de toute nature ne dépassait pas 50,000 à 60,000 tonnes, dont moitié aciers puddlés et moitié aciers divers, obtenus à l'aide de fers de Suède et de Russie[1]. Depuis lors, la production de l'acier puddlé a plutôt diminué, mais celle des aciers divers s'est sensiblement accrue. En 1867, on estimait cette dernière à près de 80,000 tonnes, dont 60,000 tonnes d'acier fondu au creuset[2].

Vers 1860, la production industrielle de l'acier Bessemer était encore à peu près nulle; en 1867, on l'estimait à 140,000 tonnes; et aujourd'hui, d'après le discours prononcé par M. Bell, le 29 avril 1873, dans la réunion annuelle de l'*Iron and steel Institute* à Londres, elle atteindrait 400,000 tonnes; par suite, si l'on y ajoute l'acier Martin et l'acier au creuset, la production totale des fers et aciers fondus atteint certainement, en ce moment, le chiffre minimum de 500,000 tonnes, chiffre qui lui-même est destiné à grandir encore dans de fortes proportions, grâce à l'importation croissante des minerais étrangers, qui a dépassé 600,000 tonnes en 1872.

Ajoutons que, d'après la statistique officielle de M. A. Hunt, le nombre des usines à appareils Bessemer était, en Angleterre, en 1871, de 19, et le nombre des *convertors* de 89.

[1] *État présent de la métallurgie du fer*, par MM. Gruner et Lan.
[2] *Exposition de 1867*, par M. Goldenberg.

Les mêmes états donnent, comme poids des produits sidérurgiques exportés, les chiffres suivants pour 1871 :

Rails en fer et métal Bessemer	979,017 tonnes.
Fer en barres	349,126
Fils de fer	26,057
Tôles diverses	201,319
Acier en barres	39,000
Pièces diverses en fonte, fer et acier	257,300
Fers blancs	119,755

À l'Exposition de Vienne, la sidérurgie anglaise était peu représentée.

Dans le premier groupe, à part quelques rares échantillons de houille et de minerais, on ne peut guère citer que les modèles et les plans de l'appareil Whitwell pour le chauffage du vent, et ceux du four Siemens pour la réduction directe des minerais. Le procédé auquel M. Siemens paraît spécialement s'arrêter aujourd'hui consiste à fondre le minerai avec une simple addition de 5 p. o/o de houille maigre et une proportion variable de calcaire, puis de faire réagir les pains ou saumons ainsi obtenus sur un bain de fonte pure, comme dans la méthode Martin ordinaire.

D'après une récente lettre de M. Siemens, on fabriquerait couramment de l'acier et du fer homogène par ce procédé, non-seulement dans la grande usine de Landore, près de Swansea, dont la production est de 1,000 tonnes par semaine, mais encore chez MM. Vickers sons à Sheffield, dans la *Steel Company of Scotland* à Glascow, et à Horst en Westphalie.

Dans le septième groupe figurent surtout les grands fabricants d'acier et de fer supérieur du nord de l'Angleterre. On peut citer J. Brown et Cⁱᵉ; Ch. Cammell et Cⁱᵉ, et Th. Firth and sons, de Sheffield; les forges de Bowling, près de Bradford; les fabriques de tubes en fer et acier de Brown et Cⁱᵉ et celles de James Russel and sons, de Wednesbury; les grandes tréfileries de R. Johnson, à Manchester, etc.

J. Brown, dont la forge occupe 6,000 ouvriers et dont les produits s'élèvent au chiffre annuel de 50 millions de francs, a exposé une collection variée d'essieux et de bandages, de ressorts et de tôles, et surtout une plaque de blindage, pour un navire prussien, de 14 pouces ($0^m,35$) d'épaisseur!

L'exposition de Ch. Cammel est analogue; on peut citer une plaque de blindage cintrée de $0^m,27$ d'épaisseur, ayant 6 mètres de longueur sur 2 mètres de largeur, et pesant 25 tonnes complétement achevée.

L'aciérie de Th. Firth est la plus grande usine d'acier fondu au creuset de Sheffield. Sa production est de 10,000 à 12,000 tonnes. Elle contient

4oo fours à deux creusets, et occupe 2,000 ouvriers. On y fabrique surtout de grands canons pour les marines anglaise et française. Après avoir foré les canons, on les trempe au rouge sombre dans un bain d'huile, en les immergeant verticalement à commencer par la culasse. Tous les canons sont coulés pleins et avec de très-fortes masselottes. Des lingots de 18 tonnes donnent des pièces finies de 12 tonnes. On les forge sous des marteaux-pilons de 25 tonnes, ayant une hauteur de chute de 3 mètres avec pression de vapeur par-dessus.

Les frettes pour ces canons sont aussi en acier fondu. On les fabrique, comme les bandages, en coulant un disque plein, que l'on perce sous le marteau pilon. Les canons ont jusqu'à 0ᵐ,30 à 0ᵐ,32 de diamètre et 4ᵐ,50 de longueur.

L'acier doux pour canons donne, avant la trempe :

Par millimètre carré.

Pour limite d'élasticité moyenne . . . . 20 kil.
Pour charge de rupture . . . . 45 à 55
Pour allongement correspondant . . . . 13 à 15 p. o/o.

Le même acier, après trempe à l'huile :

Pour limite d'élasticité moyenne . . . . 45 kil.
Pour charge de rupture . . . . 70 à 80
Pour allongement correspondant . . . . 8 à 10 p. o/o.

Cette trempe à l'huile est assez douce pour permettre le dernier alésage et le travail du rayage après l'immersion pour la trempe.

James Russel et Cⁱᵉ a exposé des tubes en tôle, soudés sur mandrin suivant une génératrice dont les diamètres vont jusqu'à 0ᵐ,50. Des tubes de moindres dimensions sont aussi fabriqués par emboutissage et simple tirage avec recuit.

L'usine de Landore a exposé des vases culinaires en métal Martin étamé, fabriqués par voie d'emboutissage, comme les ustensiles des usines Japy, en tôle au bois du Doubs.

Cette fabrication est évidemment appelée à se développer beaucoup. Le fer homogène doux (Bessemer ou Martin) doit certainement convenir beaucoup mieux pour cette fabrication, et donner des produits plus légers que la tôle faite avec du fer simplement soudé.

ÉTATS-UNIS.

La grande Confédération des États-Unis est de tous les pays celui dont l'industrie sidérurgique se développe aujourd'hui le plus rapidement. Ses

richesses en houille et en minerais de fer semblent presque inépuisables.
Dans les dix dernières années, la production de la fonte a triplé et celle
des rails s'est même accrue plus rapidement. D'après le rapport de l'Association nationale des maîtres de forge, les États-Unis ont produit :

	Fonte.	Rails en fer.
En 1862...................	787.662 tonnes	213.912 tonnes.
En 1872...................	2,250,000	750,000

La production totale de fer doux, en rails et barres, fut d'ailleurs.
en 1872, de 1,602,000 tonnes. Pendant les deux seules années 1872
et 1873, on a mis en feu 83 nouveaux hauts fourneaux. Sur la production
totale de la fonte, la moitié provient de fourneaux alimentés à l'anthracite,
et 479,000 tonnes de fourneaux au charbon de bois.

Les appareils Bessemer s'y répandent rapidement. Dix usines sont déjà
installées pour cette fabrication; 125,000 tonnes de fonte ont été affinées
par ce procédé, en 1872: il en est résulté 90,000 tonnes de rails, qu'il
faut ajouter aux 750,000 ci-dessus citées, et 10,000 tonnes de produits
divers. Outre cela, on a fabriqué, au creuset et dans les fours Martin,
30,000 tonnes d'acier fondu proprement dit.

La production américaine se développe d'autant plus rapidement que
la consommation lui est encore notablement supérieure. L'importation
tend cependant à décroître d'année en année. Ainsi, en 1871, on avait
importé 510,000 tonnes de rails, tandis que, en 1872, le chiffre est des-
cendu à 477,000 tonnes, dont 133,000 tonnes de rails Bessemer.

Dans un avenir prochain, les États-Unis pourront se suffire à eux-
mêmes sous ce rapport. Les minerais de fer purs y sont cependant à un
prix relativement élevé. Le district du Lac Supérieur a fourni, dans la
seule année 1870, 985,521 tonnes de minerais riches, dont la valeur est
estimée, sur les mines, à 21 millions de francs. Le prix de revient du cé-
lèbre minerai de Marquette est même évalué à près de 14 francs, sans les
intérêts des capitaux[1]. Cette circonstance explique le fait étrange que les
Américains sont venus acheter, en 1872, une certaine quantité de minerai pur jusqu'en Algérie.

Ajoutons, pour clore ces données statistiques, que les minerais riches
du nord de l'Amérique sont en partie traités directement, pour fer malléable, au bas foyer (*bloomeries*). Ces forges catalanes ont donné, en 1872.
52,000 tonnes de fer: mais cette fabrication s'amoindrit maintenant

[1] *Iron and steel Institute*. 1873, n° 1, p. 233.

d'année en année, cédant la place aux hauts fourneaux et aux appareils Bessemer.

L'exposition américaine contenait quelques rares collections de minerais, de combustibles et de produits métallurgiques, dont il me paraît inutile de parler ici, puisqu'ils ne donneraient qu'une très-imparfaite image des grandes richesses minérales de ce vaste pays.

Je mentionnerai plutôt les appareils exposés par William Sellers et Cie, de Philadelphie (n° 454 du groupe 13). Ils se composent d'un four à puddler rotatif, d'un spécimen de laminoir universel, d'un marteau-pilon, etc.

Le four à puddler se compose, comme celui de Danks, d'un vase ovoïde en fonte, tronqué aux deux bouts, et pouvant tourner plus ou moins vite autour de son grand axe horizontal. Mais, au fond, il ressemble plus au *rotator* de M. Siemens qu'au four Danks proprement dit.

Celle des extrémités tronquées, qui est ouverte, sert à la fois de porte de travail et de canal d'entrée pour la flamme. Elle est adossée contre le foyer, qui se compose d'un générateur à gaz et d'un appareil en briques, qui a quelque analogie avec le récupérateur du système Ponsard, pour le chauffage de l'air de combustion. Le gaz et l'air chaud arrivent par deux carnaux opposés, s'enflamment réciproquement, et pénètrent dans le *rotator* un peu au-dessus de son axe; puis, après y avoir décrit un fer à cheval vertical, s'en échappent par une ouverture pareille, placée au-dessous de l'orifice d'entrée, pour s'en aller de là au récupérateur afin d'y chauffer l'air. Cette disposition ne diffère donc du système *horse-shoe* de M. Siemens que par la position relative des deux carnaux ou rampants : au four Siemens, ils sont l'un à côté de l'autre, dans le même plan horizontal; au four Sellers, l'un au-dessus de l'autre, dans le même plan vertical. Dans les deux systèmes, on pourrait craindre que la flamme ne s'échappât directement par l'orifice de sortie, sans parcourir en entier la courbe en fer à cheval jusqu'au bout du four. En réalité, il n'en est rien; la flamme arrive avec une vitesse horizontale assez forte pour chauffer le four dans toute sa longueur.

Le rotator Sellers est établi, avec sa machine motrice, sur une plaque horizontale, pourvue de galets sur sa face inférieure. Le petit moteur peut faire pivoter horizontalement le système de 90 degrés autour de l'un de ses angles. Le four est ainsi dévié de sa position normale lorsqu'on veut enlever la loupe et recharger l'appareil. Il va de soi qu'à ce moment le courant gazeux et celui de l'air sont interceptés.

Cette disposition d'une ouverture unique tend à réduire les pertes de chaleur, mais, au fond, elle est plus gênante et moins commode que celle du rotator Siemens. Dans ce dernier, les deux bouts tronqués du vase ovoïde sont ouverts, l'un pour l'arrivée de la flamme, l'autre pour le travail pro-

prement dit. Ce dernier orifice est pourvu d'une fermeture mobile à contre-
poids et glissières, pareille à celle des fours à puddler ordinaires. Avec cet
arrangement, l'ouvrier peut intervenir à volonté avec son ringard, pendant
tout le cours de l'opération, s'il le juge nécessaire.

L'intérieur du four tournant est à peu près garni comme le four Danks,
et refroidi à l'extérieur par aspersion.

Le premier enduit, directement appliqué contre les plaques de fonte, se
compose de :

> Minerai de fer riche pulvérisé...................... 100 parties.
> Ciment hydraulique............................. 12
> Verre soluble 18

On lui donne 5 centimètres d'épaisseur et le fritte au rouge cerise. Par-
dessus, on fond des scories de puddlage, et on y empâte des blocs de minerais, en ayant soin d'égaliser la surface avec un excédant de scories en
poudre, chauffées également jusqu'à fusion pâteuse.

La charge, pour une opération, est prise au cubilot et coulée fondue
dans le rotator. On opère sur 300 kilogrammes dans un appareil, dont
l'intérieur mesure à peu près 1^m,50 de longueur sur 80 centimètres à
1 mètre de diamètre vers la partie élargie.

La charge étant opérée, on fait tourner l'appareil à la vitesse de 8 tours
par minute, et, lorsque le fer commence à souder, on perce la scorie et on
réduit la vitesse, pendant 5 minutes, à 2 tours au plus, pour la formation
de la loupe.

Un certain nombre de ces fours fonctionnent en Amérique et y donnent,
assure-t-on, des résultats satisfaisants. En tout cas, il m'a paru intéres-
sant de citer cette nouvelle tentative dans la voie du puddlage mécanique.

Le laminoir, exposé à côté du four, présente deux particularités. Pour
faciliter l'échange et le réglage des cylindres, on place les fermes sur une
double glissière à crémaillère. Une paire de pignons, fixés sur l'embase
même de la ferme, permet d'en opérer le déplacement avec facilité le
long du support servant de glissière. Quelques tours de clef suffisent à
cet effet.

L'appareil lui-même est une sorte de laminoir universel à renversement,
pour fer plat. Le cylindre supérieur est complétement équilibré. Au lieu
de simples vis d'arrêt, on serre ce cylindre à l'aide de deux pistons hydrau-
liques. Les cannelures sont profondes, en sorte que, pour une largeur de
barre donnée, une seule cannelure suffit; on abaisse simplement le cylindre supérieur de quelques millimètres, après chaque passage, comme
pour le laminage des grosses tôles.

ALLEMAGNE.

L'Allemagne et l'Autriche avaient naturellement, à Vienne, des expositions plus complètes et plus étendues que les autres nations.

Les districts sidérurgiques de l'Allemagne proprement dite sont liés aux trois bassins houillers principaux de ce pays : ce sont la haute Silésie, la Westphalie, ou le bassin de la Ruhr, et Saarbrück. Dans le premier et le dernier, on traite des minerais communs; on y fabrique de la fonte et du fer ordinaire. Dans celui de la Westphalie et des bords du Rhin, on a surtout recours aux minerais spathiques purs du pays de Siegen et aux hématites riches du duché de Nassau.

Ces minerais exceptionnels, au voisinage d'un riche bassin houiller, expliquent le prodigieux développement des aciéries Krupp, Bochum, Witten, etc.

Pays de Siegen. — Le pays de Siegen renferme, dans un massif montagneux assez restreint, de 75 kilomètres de longueur sur 35 mètres de largeur, appartenant au terrain dévonien inférieur, près de cinq cents filons de fer spathique manganésifère, tenant, sur quelques points, du cuivre et de la galène, et parfois aussi du cobalt et du nickel. Le travail du fer remonte, dans cette contrée, d'après plusieurs documents authentiques, jusqu'au XIVe siècle. Des hauts fourneaux proprement dits y étaient en activité dès le XVIe siècle; et, dès les premiers temps aussi, on s'y est appliqué au travail de l'acier. Jusqu'en 1840, toutes les usines marchaient au bois; aujourd'hui, à peu d'exceptions près, le coke et la houille ont tout envahi. En 1871, les mines du pays ont fourni 950,000 tonnes de minerais, et les soixante hauts fourneaux de ce district ont produit 230,000 tonnes de fonte. Plus de la moitié du minerai extrait est d'ailleurs exporté, comme la fonte, vers la Westphalie et les bords du Rhin, et cette production ne suffit même pas à la consommation, car les usines du Rhin et de la Ruhr reçoivent, en outre, des minerais étrangers venant surtout de Suède et des environs de Bilbao. M. Krupp seul compte recevoir sous peu près de 300,000 tonnes de minerais riches de Sommo-Rostro.

Le district de Siegen était représenté à Vienne par une exposition collective intéressante de minerais, fontes et fer. C'est le berceau des fontes miroitantes, et, sous ce rapport, pendant plusieurs années, le pourvoyeur presque exclusif du monde entier. On connaît, par les mémoires de M. Jordan, les deux usines principales du pays, la *Charlottenhütte* et la *Heinrichshütte*.

La première renferme un haut fourneau de 200 mètres cubes à sept tuyères, dont les plans se voyaient à Vienne. Il produit par vingt-quatre heures 70 tonnes de fonte spéculaire, ou 65 tonnes de fonte grise pour Bessemer.

Nassau. — Au sud du pays de Siegen s'étendent l'ancien duché de Nassau et la Hesse, avec leurs hématites brunes et rouges, les minerais de manganèse et les phosphorites. La production de ce double district l'emporte sur celle du pays de Siegen. En 1871, on en a extrait plus de 1,370,000 tonnes de minerais, destinés aux hauts fourneaux des vallées de la Ruhr et du Rhin.

Westphalie. — C'est là, au bord du Rhin, entre Coblentz et Ruhrort, ainsi qu'aux environs de Dortmund, Essen et Bochum, en Westphalie, que sont établis la plupart des hauts fourneaux et les plus importantes aciéries de l'Allemagne du Nord. Il serait impossible et oiseux de mentionner toutes ces forges. Je me contenterai de citer les plus remarquables.

En tête se trouvent les établissements de M. Krupp, qui possède onze hauts fourneaux sur les bords du Rhin, produisant annuellement près de 120,000 tonnes de fonte. L'aciérie d'Essen occupe à elle seule 12,000 ouvriers, et a fourni, en 1872, 125,000 tonnes d'acier fondu. Un pavillon spécial renfermait, à Vienne, les produits nombreux de cette colossale entreprise. Les canons de tous calibres y dominaient, depuis la pièce monstre de 36,600 kilogrammes, lançant des obus de 296 kilogrammes, à l'aide d'une charge de 60 kilogrammes de poudre, jusqu'aux petits canons de montagne de 107 kilogrammes. A côté de ces appareils destructeurs, des essieux, des bandages, des tiges de pistons, des arbres droits ou coudés pour navires, etc., presque tous en acier au creuset. Les essieux en acier fondu, pour wagons de chemins de fer, sont adoptés en Allemagne depuis une dizaine d'années. M. Krupp en a fourni, en 1872, plus de 16,000 pièces. Pour les bandages, on coule toujours des disques pleins, que l'on perce au centre, élargit au marteau et achève par laminage annulaire, selon la méthode connue. On en a fabriqué 45,000 pièces en 1872.

Grâce à la pureté des matières employées et aux soins déployés dans la fabrication, l'acier fondu s'est beaucoup plus répandu en Allemagne, pour essieux et bandages, que sur les chemins de fer français. L'acier n'offre, en effet, une entière sécurité que s'il est pur. Là est le principal secret de l'aciérie Krupp.

On peut citer encore, parmi les produits exposés, un arbre à manivelle pour navire à vapeur, pesant 9,000 kilogrammes, de 7ᵐ,65 de longueur et 38 centimètres de diamètre.

Tout le monde connaît, par les expositions antérieures, les admirables petits laminoirs polis, employés dans les monnaies ou chez les orfèvres et pour la fabrication des capsules de fusils. Le pavillon de M. Krupp en contenait de nouveau une remarquable collection de plus d'une douzaine de paires, presque tous polis avec un soin extrême. Mais ce qui attirait, dès l'entrée, tous les regards, c'était un bloc énorme d'acier fondu, déjà transformé, sous le marteau-pilon de 50 tonnes, en un gros prisme à huit pans. Ce mode de fabrication paraît aujourd'hui généralement adopté dans l'usine Krupp. Tous les lingots, quelles que soient les formes définitives des pièces, sont coulés cylindriques, puis transformés par martelage en prismes généralement octogones, avant de passer au laminoir proprement dit. Il est bien évident qu'un lingot cylindrique est plus homogène et se solidifie d'une façon plus uniforme, de la circonférence au centre, qu'un prisme de section polygonale. Les lingotières cylindriques, à peu près inconnues en France, devraient également y être adoptées, à l'exclusion des formes rectangulaires ou hexagones, moins rationnelles.

En 1851, M. Krupp avait exposé à Londres un bloc de 2,250 kilogrammes;

En 1855, ce fut une masse de 10,000 kilogrammes:

En 1862, de 20 tonnes; en 1867, de 40; puis, en 1872, à Vienne, de 52,500 kilogrammes!

Depuis la dernière exposition, M. Krupp fabrique aussi, à Essen, des rails Bessemer, comme la plupart des grandes usines d'acier. La production en rails y a atteint déjà le chiffre de 50,000 tonnes en 1872. Pour ces rails, aussi, on coule des lingots cylindriques, et on les transforme par martelage en prismes octogones avant de les passer au laminoir. Mais, pour avoir moins de déchet et des rails plus sains, on adopte le système des grands lingots, que l'on coupe alors, à la suite du martelage, en plusieurs pièces, dont la grandeur est proportionnée au poids des rails à fabriquer. Il n'est pas rare que l'on coule ainsi pour rails des lingots de 4 tonnes. Le même procédé sert aussi pour les bandages. C'est encore un mode de fabrication que l'on devrait imiter, ce me semble, dans nos usines.

Après Krupp vient la grande aciérie de Bochum. 5,000 ouvriers y sont occupés; la production y fut de 48,000 tonnes en 1872. C'est dans cette usine qu'a pris naissance la fabrication des pièces moulées en acier fondu. On y coule toujours des cloches, des roues pleines pour wagons, des roues dentées pour machines, etc. La production de ces pièces moulées dépasse 7,000 tonnes par année. Bochum a exposé aussi des canons en acier fondu, pourvus de frettes en acier forgé, et des bandages fabriqués, comme les rails chez Krupp, avec de grands lingots, que l'on coupe ou scie en plusieurs disques.

D'autres aciéries moins importantes existent à Witten, Annen, etc. Witten a exposé de belles tôles d'acier, embouties à la presse, et des canons en acier munis d'affûts en fer.

Parmi les grandes forges des bords du Rhin, il convient de citer :

1° La Société de Hoerde, qui possède, outre plusieurs mines de houille et de fer, 8 hauts fourneaux, 82 fours de puddlage, 8 cornues Bessemer, etc. Les usines occupent 3,600 ouvriers, et ont produit, en 1872, 50,000 tonnes de fer ou métal Bessemer. L'exposition renfermait de gros arbres en fer forgé, des fers d'angle de toute grosseur, des roues dentées et des crémaillères en acier Bessemer. L'établissement fut fondé en 1852; il comprend le plus ancien haut fourneau au coke du bassin de la Ruhr. La fonte pour les cornues Bessemer est refondue au cubilot.

2° La Société d'Oberhausen et Sterkrade, avec ses 10 hauts fourneaux, ses tôleries, etc., accuse 8,500 ouvriers. Elle a surtout exposé de grands fers plats.

3° La Société du *Phénix,* dont les forges principales sont à Eschweiler, Borbeck, Laar, etc., occupe 1,000 ouvriers dans ses mines et 3,000 dans les usines; elle produit annuellement 60 à 65,000 tonnes de fers laminés de diverses sortes, parmi lesquels près de 8,000 tonnes de roues et d'essieux. Les procédés Bessemer et Martin y fonctionnent depuis peu.

Vers le nord de la Westphalie, aux environs d'Osnabrück, où le terrain houiller de la Ruhr semble remonter au jour, on a établi, en 1856, au milieu d'une plaine inculte, la grande usine de *Georg-Marie.* Elle se compose de 6 hauts fourneaux, qui ont produit, en 1872, 53,000 tonnes de fonte, dont les sept dixièmes sont de la fonte Bessemer, que l'on transforme en acier dans une usine voisine fondée en 1869. Les hauts fourneaux marchent à poitrine fermée depuis 1867, et c'est là que le directeur de l'usine, M. Lürmann, a inventé les tuyères à eau, en fer ou bronze, pour l'écoulement des laitiers. On les désigne, par ce motif, dans les usines, sous le nom de *tuyères Lürmann.* Les laitiers sont entièrement grenaillés, et se vendent soit comme ballast pour les chemins de fer, soit comme trass pour la fabrication des briques à ciment de chaux. Celles-ci sont formées de 1 de chaux pour 8 de laitiers. Dans une fabrique voisine, on a préparé ainsi, en 1872, à l'aide de cinq presses à vapeur, plus de 2 millions de briques fort recherchées par les architectes. Les laitiers basiques des hauts fourneaux à fonte Bessemer conviennent surtout pour cet usage.

Le minerai traité à Osnabrück provient d'un puissant amas de fer spathique et d'hématite brune du terrain permien; il a 12 mètres de puissance. L'aciérie, qui traite les fontes de la *Georg-Marienhütte,* les refond au cubilot pour l'appareil Bessemer. Les lingots sont directement laminés pour rails sans martelage préalable. On n'ajoute du spiegel que pour les bandages, mais non pour les rails.

HAUTE SILÉSIE. — La haute-Silésie comprend le bassin houiller le plus étendu de l'Allemagne; il dépasse même les frontières de la Prusse vers la Pologne et la Moravie. C'est là que fut établi, à Gleywitz, en 1796, le premier haut fourneau au coke du continent. Grâce à l'exemple donné par l'État, l'industrie privée s'y est développée à son tour rapidement, et maintenant c'est, après la Westphalie et les bords du Rhin, le district sidérurgique le plus important de l'Allemagne. En 1871, 38 hauts fourneaux au coke ont produit 219,000 tonnes de fonte, et les forges, 177,800 tonnes de fer en barres, tôles et fils de fer de diverses sortes.

L'État a récemment vendu sa principale usine de Königshütte; l'industrie privée se substitue partout aux établissements publics.

L'administration a cependant conservé son usine mère de Gleywitz. On y fabrique toujours un très-grand nombre de pièces de moulage. On peut citer, comme produit nouveau, de grands tuyaux avec chapelles pour pompes de mines, entièrement émaillés à l'intérieur. La fabrication de ces grandes pièces émaillées offre de sérieuses difficultés. Elles furent heureusement vaincues à l'usine de Gleywitz, qui a rendu par là de réels services aux nombreuses mines dont les eaux sont acides. Cette industrie, ou à son défaut le cuivrage électrique, devrait être imitée en France.

La société industrielle qui a acquis de l'État la *Königshütte* y a joint l'usine *Laura* du comte de Donnersmark. Cette puissante société possède aujourd'hui 13 hauts fourneaux, 120 fours à puddler, un appareil Bessemer, etc. C'est l'établissement le plus considérable de la Silésie. La même société a acheté également l'usine de Shissbytan, en Suède. Outre les minerais ordinaires du pays, on y traite, pour les fontes de qualité supérieure, des fers spathiques tirés des Carpathes, en Hongrie.

M. Borsig, l'habile constructeur de locomotives à Berlin, possède, en Silésie, un vaste établissement composé de 4 hauts fourneaux et de 40 fours à puddler. On y a introduit le procédé Martin et la presse à forger de M. Haswell de Vienne.

DISTRICT DE SAARBRÜK. — Le troisième bassin houiller, celui de Saarbrück, possède peu de minerai de fer. Ses forges sont alimentées de minerais et de fontes venant du Luxembourg, de la Lorraine et de l'ancien duché de

Nassau (vallée de la Lahn). On y compte 22 hauts fourneaux, dont 5 dans la Bavière Rhénane.

Les deux principaux établissements sont Dilligen et Burbach. Cette dernière usine occupe près de 2,000 ouvriers. Son exposition était remarquable. On y fabrique couramment de grands fers à I de 22 mètres de longueur; plusieurs d'entre eux mesuraient même 25 et 26 mètres avec une hauteur de tige de 20 à 25 centimètres. On y fabrique aussi des poutres en fer, pour maîtresses tiges de pompes, ayant 25 centimètres de côté; elles sont creuses et composées de quatre pièces plates à rebords inclinés, solidement reliées les unes aux autres, à l'aide de rivets. On vient d'y installer un grand laminoir à renversement, de la force de mille chevaux, construit à Seraing, pour laminer des fers à I de 40 à 50 centimètres de hauteur. Enfin on lamine, pour le cuvelage des puits de mines, des tronçons arqués, à doubles côtes ou brides intérieures, qui remplacent avantageusement les anneaux ou caissons en fonte, dont on s'est servi jusqu'à présent. On voyait même à l'exposition des cerceaux complets, d'une seule pièce, pour boisage de puits.

Dillingen est la plus grande forge à tôle en Allemagne. En 1872, cet établissement, qui occupe aussi 2,000 ouvriers, a fourni 24,000 tonnes de tôles de toutes sortes, brutes, plombées ou étamées.

Dans la Bavière Rhénane, on peut citer l'usine des frères Ginanth. On y fabrique de l'acier Bessemer et en particulier des produits remarquables en acier moulé.

Comme annexes du district de Saarbrück, il faudrait mentionner ici les importantes usines de la Lorraine et de l'Alsace, celles de MM. de Wendel et de Dietrich en particulier. Mais les sentiments patriotiques de ces grands industriels l'ont emporté sur leurs intérêts; ils n'ont rien voulu exposer dans les vastes emplacements réservés dans le palais de Vienne à l'exposition allemande.

DISTRICTS DIVERS. — Outre les trois districts principaux dont je viens de parler, il est encore, en Allemagne, un certain nombre de localités où l'on a établi des usines à fer plus ou moins importantes. Telles sont les forges situées aux environs d'Aix-la-Chapelle, sur le prolongement oriental du bassin houiller de la Belgique. La contrée est peu riche en minerais, mais on affine les fontes de Siegen, et l'on y fabrique même, depuis peu, des fontes de choix avec les minerais purs provenant de ces mêmes districts de Siegen et de Nassau. Les trois établissements les plus importants sont : l'usine Concordia, près d'Eschweiler, avec 3 hauts fourneaux; la Rothe-Hütte, près d'Aix-la-Chapelle, forge dont la production

est de 40,000 tonnes en fer laminé, et l'usine de MM. Engerth et Cün-
zer, près d'Eschweiler, composée d'une fonderie de seconde fusion et de
19 fours de puddlage.

Citons encore :

La fonderie d'Ilsenburg, au pied du Hartz, qui reproduit d'une façon
remarquable, en fonte mince, les plus belles pièces d'art du moyen âge,
boucliers, casques, coupes, armures, etc. ;

Les deux usines de Königsbronn et de Wasseralfingen, dans le Würtemberg : la première a exposé de fort beaux cylindres lamineurs pour
tôle; la seconde, des moulages divers;

L'usine dite *Maximilianshütte*, près de Ratisbonne, en Bavière, qui,
malgré sa situation défavorable, livre à la consommation de beaux aciers
Bessemer;

Enfin l'aciérie de Döhlen, en Saxe, dont les produits variés en acier
fondu au creuset sont fort appréciés en Allemagne.

Donnons, pour compléter les renseignements précédents, la production
totale de l'État prussien, en 1871, telle qu'elle résulte des documents
officiels :

Houilles		25,967,044 tonnes.
Lignites		6,876,245
Minerais de fer		2,920,275
Fonte brute		1,161,846
Pièces moulées {	de 1re fusion	31,867
	de 2e fusion	252,630
Fer en barres		679,042
Tôles		92,008
Fers-blancs		7,872
Fils de fer		54,552
Acier de forge		35,038
Acier fondu		148,165
Acier corroyé		8,948

J'ajouterai encore les chiffres suivants, se rapportant à l'année 1872,
pour montrer le rapide essor de l'industrie sidérurgique :

Fonte brute	1,417,233 tonnes.
Fonte moulée de 1re fusion	40,602
Fers, tôles, etc.	894,533
Acier de toutes sortes	330,240

AUTRICHE.

L'Autriche renferme d'abondants minerais de fer en Bohême et dans les
Alpes, mais peu de houille; de là sa production relativement faible en fer.

En 1871, l'Autriche-Hongrie a fourni :

Fonte.. 400,000 tonnes.
Fer... 300,000
Acier 45,000

Le développement industriel y est cependant fort actif depuis quelques années et a grandi notablement en 1872. Il se manifeste surtout par une double tendance : la formation de grandes sociétés qui se substituent aux entreprises isolées, et l'utilisation des combustibles inférieurs, les lignites et les tourbes, au lieu de bois.

Le charbon de bois est réservé pour la fusion des minerais, tandis que l'affinage se fait de plus en plus au lignite et à la tourbe. C'est ainsi qu'en Bohême, où l'on produisait encore 21,000 tonnes de fer au bois, en 1865, les bas foyers ont à peu près tous disparu aujourd'hui. En Styrie, des 271 bas foyers jadis en activité, il n'en reste pas au delà de 60 à 80, et on ne les conserve que pour certaines fabrications spéciales, telles que les fers-blancs et les aciers de forge.

En 1851, les vallées alpines livraient 15,000 tonnes d'acier de forge au bois, aujourd'hui moins de 1,500 tonnes.

Par contre, la production de l'acier fondu est montée, dans le même intervalle, de 400 à 40,000 tonnes. Or cette fusion se fait exclusivement dans les appareils Bessemer, ou dans des creusets chauffés au lignite et sur la sole de fours Siemens. Sous ce rapport, l'Autriche est encore appelée à grandir beaucoup; les excellentes fontes de Styrie et de Carinthie seront sous peu presque exclusivement transformées en aciers fondus et en fers homogènes.

Au point de vue sidérurgique, on peut diviser l'Autriche en trois districts : la Bohême, y compris la Moravie et la Silésie; les vallées alpines et la Hongrie.

Bohême, Moravie et Silésie. — Les minerais de fer y sont abondants. Le plus important est un fer oxydé rouge, oolithique, du terrain silurien. Les couches ont, sur quelques points, jusqu'à 20 mètres de puissance. C'est un minerai riche, mais un peu phosphoreux, par suite impropre à la fabrication de l'acier Bessemer.

En 1870, les mines de ce district ont fourni 333,000 tonnes de minerai, dont les deux tiers environ proviennent de la Bohême.

Jusqu'en 1838, toutes les usines marchaient au bois. On éleva alors un premier haut fourneau au coke à Wittkowitz, en Moravie; le second fut bâti à Kladno, en Bohême, en 1854. Ce sont les deux usines les plus importantes de ces provinces.

En 1870, il y avait :

En Bohême . . . . 52 hauts fourneaux, dont 4 au coke.
En Moravie. . . . 21 hauts fourneaux, dont 5 au coke.
En Silésie . . . . . 7 hauts fourneaux, marchant au bois mêlé de coke.

TOTAL 80

Leur production fut de 99,000 tonnes. Sur ce total, 60 p. o/o se composent encore de fonte au charbon de bois, mais ce rapport diminue rapidement, grâce au renchérissement continu du combustible végétal. Quant aux affineries marchant au bois, elles sont déjà presque toutes éteintes. L'usine la plus considérable du district, celle de Kladno, possède aujourd'hui 6 hauts fourneaux, dont 4 au coke à 30,000 tonnes de fonte par année. Elle avait exposé de grands tuyaux, en partie émaillés à l'intérieur, puis des tôles et des fers façonnés; mais la production principale se compose de rails.

A Wittkowitz se trouve un appareil Bessemer, dont la production est de 2,000 tonnes. Jusqu'à présent on y traite des fontes étrangères, mais on compte fabriquer, sous peu, de la fonte Bessemer dans l'usine voisine de Trzienitz, à l'aide de minerais spathiques provenant de la Hongrie. Cette usine appartient à l'archiduc Albert, qui possède deux autres forges en Moravie et en Silésie. L'exposition spéciale de ces trois usines était remarquable : c'étaient des fontes et fers de toutes les formes, des tôles, des fils de fer, des vases émaillés, etc.

Depuis le mois d'avril 1873, une seconde usine Bessemer marche à Teplitz, dans le nord de la Bohême. La fonte est refondue au cubilot, et le métal laminé en rails.

Les autres usines sont de moindre importance, je ne m'en occuperai pas.

VALLÉES ALPINES (STYRIE, CARINTHIE, ETC.). — Les Alpes sont surtout riches en fers spathiques d'excellente qualité. S'ils sont moins riches en manganèse que ceux du pays de Siegen, ils sont par contre plus puissants et plus purs. Les gîtes sont presque inépuisables et ne renferment que çà et là des traces de cuivre et d'arsenic. Ils forment trois zones ou bandes est-ouest, d'inégale importance. Celle du nord est la plus étendue en puissance et en direction; elle apparaît à Schwatz, dans le Tyrol, traverse le pays de Salzbourg et la haute Styrie, pour aboutir au Sömmering. Sa longueur est de 300 kilomètres. On l'exploite sur trente à quarante points, et cette première zone alimente à elle seule près 40 hauts fourneaux. Elle fait partie du terrain devonien, et se renfle surtout en Styrie, entre Eisenerz et Vordernberg, où le gîte est connu sous le nom d'*Erzberg* styrien (montagne de minerai).

La zone médiane traverse surtout la Carinthie, et prend son plus grand développement auprès de Hüttenberg, où elle constitue spécialement l'Erzberg carinthien. Sa longueur est de 110 kilomètres : 25 ou 30 mines y sont ouvertes et alimentent une vingtaine de hauts fourneaux. Cet ensemble de filons, ou filons couches, appartient à la grauwacke inférieure (silurien ou cambrien). Le minerai de la zone médiane est plus quartzeux que celui de la zone du nord.

La troisième zone, celle du sud, est en quelque sorte limitée à la Carniole; on ne la connaît bien que sur 30 kilomètres de longueur, aux environs de Sava et de Neumarktl; elle ne fournit du minerai qu'à deux hauts fourneaux, ceux de Sava et de Jauerburg. Elle appartient au terrain du trias.

Les deux Erzberg de Styrie et de Carinthie fournissent à eux seuls les deux tiers de la production totale du pays. Le gîte d'Eisenerz est surtout remarquable par son extrême puissance, qui atteint 200 mètres sur quelques centaines de mètres de longueur, sans compter la roche encaissante, formée de calcaire spathique à 15 ou 20 p. o/o de fer. Le gîte constitue un piton isolé, suffisamment élevé au-dessus des vallées voisines, pour que la majeure partie du minerai reconnu, formant un stock de 120 à 150 millions de tonnes, puisse être pris par de simples gradins à ciel ouvert. En 1871, on a ainsi exploité 375,000 tonnes, et, en 1873, on pensait arriver au chiffre de 500,000 tonnes. Des couloirs, des chemins de fer de mines et plusieurs plans inclinés amènent le minerai au pied de la montagne, d'où il est conduit, d'une part, par un chemin de fer spécial aux 12 hauts fourneaux de Vordernberg; de l'autre, aux usines d'Innerberg, ou bien, par les grandes voies ferrées de la Sud-Bahn, jusqu'aux hauts fourneaux de Schwechat, près de Vienne, et même au delà jusqu'en Silésie. Le minerai, rendu au pied de la montagne, coûte 7 francs la tonne. Il tient 40 p. o/o de fer à l'état cru, 2 à 3 p. o/o de manganèse et 4 à 5 p. o/o de calcaire. Pour le fondre au charboh de bois, on est obligé d'y mêler 3 à 5 p. o/o de schiste argileux.

La calotte supérieure de l'Erzberg appartient aux douze hauts fourneaux de Vordernberg. Le massif principal du gîte, avec les usines d'Innerberg et les vastes forêts des environs, était la propriété de l'État jusqu'à l'année 1868. A cette époque, une grande société financière, constituée au capital de 60 millions de francs, a acquis les droits de l'État sur les mines, usines et les forêts, et y a joint les aciéries et les forges de Franz de Mayr à Leoben, une mine de houille en Moravie et les deux hauts fourneaux au coke nouvellement érigés à Schwechat, près de Vienne. C'est la plus considérable société métallurgique de l'empire d'Autriche; elle porte le nom de *Innerberger Hauptgewerkschaft*.

Une autre société a acheté, en 1869, les fonderies impériales de Mariazell et de Neuberg, avec les mines de fer qui en dépendent. Ces établissements sont situés vers l'extrémité orientale de la grande zone de minerai du nord, non loin du Sömmering. C'est, après les deux Erzberg de Styrie et de Carinthie, le gîte le plus important des Alpes. Il fournit 30.000 tonnes de minerai par an.

L'*Erzberg* carinthien appartenait en commun à plusieurs hauts fourneaux des environs, tels que Heft, Lölling, Treibach, etc. Là aussi il y eut, en 1869, formation d'une puissante société, au capital de 35 millions, et fusion de tous les intérêts. Outre la mine de fer, la société possède des mines de lignites, de vastes forêts, 12 hauts fourneaux au charbon de bois, un haut fourneau au coke (à Prévali), et plusieurs grandes forges, celle de Buchscheiden entre autres, fondée spécialement sur l'emploi de la tourbe.

La formation de ces vastes associations est le fait dominant de l'industrie métallurgique en Autriche, dans le cours de ces dernières années. Outre les trois sociétés principales que je viens de nommer, il s'en est constitué encore, en Styrie et en Carinthie, dans les années 1868 à 1872, huit à dix autres, moins importantes, telles que Zeltweg, Ternitz, Köflach, Judenburg, etc. C'est la création des chemins de fer alpins qui a conduit à ces vastes associations, et c'est finalement à ces voies ferrées que l'on doit le puissant développement que l'industrie du fer a pris en Autriche depuis cinq à six ans.

L'*Erzberg* carinthien est moins important et d'une exploitation moins facile que l'Erzberg styrien. Les travaux d'exploitation sont souterrains, mais peuvent cependant être opérés par simples galeries. La puissance réunie des diverses veines atteint, sur certains points, 120 mètres. La mine pourrait fournir annuellement 250 à 300,000 tonnes de minerai, tenant, après grillage, 50 à 52 p. 0/0 de fer; mais jusqu'à présent l'extraction n'a pas dépassé 165,000 tonnes; c'est le chiffre de 1873. Le prix de revient est de 2 francs à 2 fr. 50 cent. supérieur à celui d'Eisenerz, soit 9 francs à 9 fr. 50 cent. au lieu de 7 francs. Le minerai est plutôt siliceux que calcaire, en sorte que, pour le fondre, on est obligé d'y ajouter 3 à 5 p. 0/0 de carbonate de chaux, au lieu d'argile comme à Eisenerz. On

perce en ce moment, à l'aide de perforateurs mécaniques, une longue
voie de roulage et d'écoulement, qui atteindra le gîte à 100 mètres au-
dessous des travaux actuels les plus bas. L'avenir est donc là aussi assuré
pour un long temps.

La production totale des vallées alpines fut, en 1871, de 576,000 tonnes
de minerai pour 205,000 tonnes de fonte. En 1872, époque de la mise
en feu des fourneaux au coke de Schwechat, les mines ont dû fournir près
de 700,000 tonnes, et sous peu on atteindra certainement le chiffre d'un
million. En vingt années, de 1851 à 1871, la production a doublé. Malheureusement, l'épuisement des forêts et l'éloignement des dépôts houillers
limiteront bientôt le développement ultérieur de l'industrie du fer dans
ces contrées, à moins que les tentatives de réduction des minerais au four
à réverbère ne soient sous peu couronnées de succès. On cherche, en effet,
à appliquer déjà, dans plusieurs usines, les procédés Ponsard et Siemens,
en se servant des lignites du pays.

L'exhaussement graduel des hauts fourneaux et le chauffage du vent jusqu'à 500 degrés ont du reste amené une économie notable dans la consommation. Il y a cent ans, il fallait, dans les petits hauts fourneaux à loupes
(*stückofen*) de 6 à 7 mètres cubes, jusqu'à 280 kilogrammes de charbon par
100 kilogrammes de métal à affiner; tandis qu'aujourd'hui la fonte blanche
n'en exige pour sa production que 60 à 70 p. o/o. Avec le même poids
de charbon, on produit donc aujourd'hui quatre fois plus de fonte que
dans le siècle dernier; de plus, on applique au travail des hauts fourneaux
tout le charbon jadis consommé dans les affineries.

Il existe actuellement, dans les vallées des Alpes d'Autriche :

En Styrie............................... 32 hauts fourneaux.
En Carinthie........................... 17
En Carniole............................ 7
En Tyrol............................... 3
En Salzbourg 2

                    TOTAL.............. 61 hauts fourneaux.

Ils marchent tous à l'air chaud sans aucune exception; on n'a pas craint
d'altérer les produits, même par des températures de 4 à 500 degrés. Grâce
aux puissantes chutes d'eau du pays, on peut se dispenser d'appliquer les
gaz au travail des souffleries; ils servent au chauffage du vent et au grillage des minerais. Cette dernière opération se fait dans des fours suédois
soufflés (*Westman*) pour le gros, et dans des réverbères à sole très-in-
clinée pour le menu. Celui-ci coule spontanément le long du grand axe du

four; les flammes circulent en sens inverse de bas en haut. Grâce à l'extrême fusibilité des minerais, on peut employer partout, sans le moindre inconvénient, le système des fourneaux à poitrine fermée.

L'exposition sidérurgique des pays alpins était à tous égards belle et complète.

Elle occupait spécialement l'hôtel de fer (*Eisenhof*) et quatre pavillons spéciaux élevés par la Carinthie, le prince de Schwarzenberg et les sociétés d'Innerberg et de Vordernberg.

Quelques mots sur les principaux établissements suffiront pour compléter les renseignements généraux déjà donnés.

La société la plus considérable, celle d'Innerberg, possède, auprès de sa mine de l'Erzberg, les trois hauts fourneaux d'Eisenerz, et un peu en aval, dans la même vallée, les trois hauts fourneaux de Hiflau. Ils produisent ensemble 35,000 tonnes de fonte blanche d'affinage, en ne consommant que 63 p. o/o de charbon, grâce à la fusibilité et à la faible proportion de la gangue du minerai. Une quantité égale de fonte est produite à Schwechat près de Vienne, dans deux hauts fourneaux au coke de 19 mètres de hauteur et 5m,70 de diamètre au ventre. Le minerai arrive grillé de l'Erzberg styrien; le coke, de Moravie et de Fünfkirchen au sud de Pesth. Les fourneaux sont du système Bütigenbach, sans massif extérieur. Le chargement se fait à l'aide d'un cône mobile qui peut, à volonté, s'abaisser ou s'élever dans la trémie fixe. On soulève le cône pour charger le coke, on l'abaisse pour le minerai, ce qui accumule ce dernier vers les parois. En chauffant le vent à 350 degrés et marchant avec une pression de 26 centimètres de mercure, on consomme 135 p. o/o de coke pour fonte grise Bessemer, et 120 p. o/o pour fonte blanche de forge. C'est beaucoup pour un minerai riche et fusible, et un coke ne tenant pas au delà de 13 p. o/o de cendres. Est-ce l'excès de hauteur, est-ce l'absence de tout massif extérieur qui en est la cause? Je ne sais.

Les fontes ainsi produites sont en partie vendues, en partie affinées dans les forges et les aciéries des environs de Léoben, autrefois la propriété de M. de Mayr. On y prépare du fer puddlé et les principales variétés d'acier : l'acier cémenté, l'acier de forge, l'acier puddlé, l'acier Martin, l'acier au creuset, et même de la fonte malléable aciéreuse. L'acier Bessemer seul manque jusqu'à présent. Les creusets, pour la fusion de l'acier, sont exclusivement chauffés dans dix grands fours Siemens, tenant chacun dix-huit à vingt creusets. On les chauffe au lignite, et l'on ne consomme, par 100 kilogrammes de lingots, que 250 kilogrammes de combustible. La production annuelle en acier au creuset est de 1,500 tonnes. On fait surtout de l'acier doux pour canons de fusil. Les aciers fondus peu carburés, nos 5,

6 et 7 de la classification Tunner, sont assez doux pour pouvoir se souder facilement, soit sur eux-mêmes, soit sur le fer.

Cette exposition ne laissait rien à désirer, ni sous le rapport de la beauté, ni sous celui de la variété des produits.

Au pied méridional du Sömmering, non loin de Murzuschlag, est l'usine de Neuberg, appartenant depuis trois ans, avec la fonderie de Mariazell, à une société privée. Le procédé Bessemer y fut établi, dès 1864, sous la haute direction de M. Tunner. La fonte est prise, soit directement au haut fourneau, soit refondue au cubilot. En vue de réchauffer le bain, on insuffle à l'origine du charbon de bois, en poussière fine, dans la proportion de 15 à 20 kilogrammes par 4,000 à 5,000 kilogrammes de fonte. Le métal obtenu est transformé en majeure partie en bandages de roues et en tôle forte. Comme dans le laminoir Sellers, les cylindres sont serrés par de l'eau sous pression. Lorsque les hauts fourneaux marchent en fonte grise pour Bessemer, on ne consomme que 85 à 90 p. o/o de charbon de bois, grâce à une température de vent de 500° c. Au lieu de *spiegel*, on ajoute, pour la recarburation, 5 p. o/o de fonte grise de l'usine même, également refondue au cubilot.

Sur le revers nord du Sömmering, à Wiener-Neustadt, se trouve la belle forge de Ternitz, fondée en 1867. Elle renferme aujourd'hui six *convertors* de 5 tonnes chacun. En 1872, elle a produit 37,500 tonnes d'acier Bessemer, et, en 1873, on se proposait de dépasser le chiffre de 40,000 tonnes. On y traitait autrefois les fontes anglaises du Cumberland, aujourd'hui plutôt celles de Schwechat. On les refond au cubilot, ou au four Siemens chauffé au lignite. Cette usine fabrique des rails, des bandages, des essieux, et surtout des rails. Elle a exposé à Vienne de nombreux échantillons, soumis aux essais de rupture par traction, flexion, torsion, compression, etc., qui établissent la ténacité des produits eu égard au degré de carburation.

Pour les aciers *doux* tenant 0,0014 et 0,0019 de carbone, on a trouvé des charges de rupture de 44 à 48 kilogrammes et des *strictions* (rapport de la section de rupture à la section primitive) de 0,47 à 0,58; pour les aciers moyens, de 0,0051 à 0,0057 de carbone, des charges de rupture de 55 à 57 kilogrammes, des strictions de 0,66 à 0,79; pour les aciers extradurs, de 0,0087 à 0,0096 de carbone, des charges de rupture de 73 à 87 kilogrammes, des strictions de 0,76 à 0,93.

Outre les anciennes usines de M. de Mayr, on peut citer encore, aux environs de Leoben, les forges de Vordernberg-Köflach. La société, fondée en 1869, au capital de 10 millions, possède les trois hauts fourneaux de Vordernberg, qui appartenaient autrefois à l'archiduc Jean; elle y a joint le puissant dépôt de bois fossile de Köflach et les forges de Krems, Krieglach, etc. L'exposition était remarquable par ses tôles fines de fer et d'acier. La puissance du bois fossile de Köflach est de 40 mètres et le produit annuel de 450,000 tonnes, valant 5 à 6 francs la tonne sur les lieux.

Parmi les usines de création récente, il convient de mentionner celle de Zeltweg, près de Knittelfeld, dans la vallée de la Mur. Elle comprend deux appareils Bessemer, deux hauts fourneaux au coke en construction, et des laminoirs pour rails et bandages. Le combustible vient des mines de lignite de Fohnsdorf. Jusqu'à présent, les cornues Bessemer ont traité les fontes de Schwechat et d'Angleterre. Pour la refonte on ne consomme que 30 à 40 p. o/o de bons lignites, en opérant dans les fours Siemens. Désirant remplacer, dans le convertor, les fontes grises par des fontes blanches, moins coûteuses à produire, on a eu recours à un appareil Cowper-Siemens, de 5 à 6 mètres de hauteur, qui permet de chauffer le vent jusqu'à 500 degrés. L'opération réussit, mais une expérience plus prolongée est nécessaire pour constater si finalement le procédé, ainsi modifié, offrira des avantages.

Dans la même vallée, non loin de Zeltweg, se trouvent les forges de Judenburg, également alimentées par les lignites de Fohnsdorf. C'est le plus important laminoir à tôle forte des vallées alpines.

Dans toutes ces forges, ainsi que dans celles des vallées voisines, les réverbères sont aujourd'hui exclusivement alimentés par des lignites, des bois fossiles ou des tourbes. Le bois naturel, ou torréfié, est depuis longtemps abandonné. On ajoute seulement, dans quelques forges, de la sciure ou d'autres déchets de bois, et l'on se sert alors, comme en Suède, du générateur Lundin, pour condenser l'eau. Le lignite menu est en général brûlé, ou réduit en gaz, sur des grilles à gradins. Les fours à puddler, simples ou doubles, sont, à part la chauffe, des réverbères ordinaires, tandis que, pour les fours à souder, on a le plus souvent recours au système Siemens.

Le puddlage des fontes blanches marche extrêmement vite; en douze heures on fait douze à treize charges de 300 kilogrammes, en consommant 110 à 120 p. o/o de lignites proprement dits, valant 10 à 12 francs la tonne.

L'emploi des régénérateurs Siemens, alimentés à la tourbe ou aux lignites, a réduit la consommation de 2 à 1 dans les fours de réchauffage, et de 3 à 2 dans les fours de puddlage.

A Gratz, dans la basse Styrie, auprès de la gare du chemin de fer, se trouvent deux grandes usines: celle de la ligne du Sud (Sud-Bahn), produisant 20,000 tonnes de rails; et une autre, à peine achevée, contiguë à la première. Dans les deux forges, il y a plusieurs appareils Bessemer et des fours de puddlage. On y fabrique à la fois des rails en fer et des rails en acier. Dans l'usine neuve (*Neues Gratzer Stahlwerk*), on se propose aussi de laminer des essieux et des bandages. Dans ces établissements, comme dans ceux de Ternitz et de Zeltweg, on a affiné d'abord, dans l'appareil Bessemer, presque exclusivement des fontes du Cumberland. On les remplace aujourd'hui également par les fontes au coke du pays. Pour les bandages et les essieux, les fontes de Styrie sont décidément supérieures aux fontes anglaises, comme au reste on devait s'y attendre.

Vordernberg, que j'ai déjà cité, est remarquable par la forte production de ses douze hauts fourneaux au bois. Il en est peu qui n'atteignent pas 15 à 20 tonnes par jour, et même 30 tonnes avec des hauteurs de four de 13^m,50 à 14 mètres.

Le grand fourneau de M. de Fridau, qui a 19 mètres de hauteur et près de 4^m,50 au ventre, dépasse même 60 tonnes.

On a quelque peine à concevoir comment il est possible de réunir, dans une vallée élevée des Alpes, la masse de charbon de bois que réclament ces douze hauts fourneaux à forte production. Malgré les vastes forêts des environs, les chemins de fer seuls permettent une pareille concentration. Le rayon d'approvisionnement de Vordernberg, pour le charbon de bois, atteint aujourd'hui jusqu'à 200 kilomètres; aussi le prix des bois a-t-il plus que triplé, depuis quarante ans, dans la contrée, tandis que celui des fontes a tout au plus doublé. En 1832, le prix moyen du charbon, rendu aux usines, était de 25 francs la tonne; en 1872, de 80 francs. Les fontes blanches de forge valaient 105 à 110 francs en 1832; 200 à 225 francs en 1872. Dans les Alpes, le produit moyen annuel d'un hectare de forêt est de 500 kilogrammes de charbon de conifère. Or, la production annuelle étant de 205,000 tonnes de fonte et la consommation moyenne de 70 à 75 p. o/o, on voit que les hauts fourneaux des Alpes absorbent à eux seuls le produit annuel de plus de 300,000 hectares de forêts. On a bien essayé de carboniser certains bois fossiles, et de remplacer, dans les hauts fourneaux, le charbon de bois par du charbon de lignite, mais on a dû y renoncer à cause de l'extrême friabilité du charbon minéral. Il se divise et décrépite sous l'action du feu.

Si l'on voulait passer en revue toutes les usines à fer de la Styrie, il faudrait citer encore : les trois hauts fourneaux de Turrach, appartenant au prince de Schwarzenberg, où fut établi le premier appareil Bessemer de l'empire d'Autriche; les forges de Saint-Egydi et de Kindsberg, remarquables par leurs fils de fer et d'acier de toute grosseur, depuis les plus forts jusqu'à ceux de moins de 0^{mm},15 de diamètre, employés surtout dans les fabriques de cardes et de pianos; la forge d'Eibiswald, avec ses ressorts, lames de scies, essieux, etc., en acier fondu au creuset dans le four Siemens; les fabriques de fer-blanc des sociétés dites de l'*Union* et de la *Styria,* près de Judenburg, où l'on se sert pour l'étamage de la machine Girard, connue par l'exposition de 1867, etc. etc. Ajoutons que le nombre des fabriques d'acier fondu proprement dit est de 18 dans les Alpes, et que l'on y a produit, en 1871, 4,250 tonnes d'acier au creuset.

En Carinthie, presque toutes les usines importantes appartiennent à la grande société de Hüttenberg, dont le siége est à Klagenfurth. Non loin de l'Erzberg carinthien, elle possède les usines de Heft, Treibach, Lölling, etc.; plus loin, dans la vallée principale, l'établissement de Prévali, où fut élevé, en 1870, le premier haut fourneau au coke des Alpes de l'empire d'Autriche. C'est là aussi que l'on essaye, en ce moment même, le four rotatif Siemens, pour la réduction des minerais [1].

A Heft, les deux hauts fourneaux alimentent directement deux convertors de sept tonnes et demie. On y prépare des lingots pour rails, sans aucune addition de spiegel, comme à Turrach; on arrête l'opération avant la décarburation complète, et l'on se guide pour cela sur les essais des scories à la baguette. Les lingots sont très-peu bulleux, parce qu'ils tiennent encore 0,005 de silicium et 0,002 de manganèse. Lorsque les hauts fourneaux marchent pour fonte grise Bessemer, ils produisent 15 tonnes chacun par vingt-quatre heures, en consommant 90 p. o/o de charbon. On peut arriver à 30 tonnes, avec 63 p. o/o de consommation, lorsqu'on marche en fonte blanche fibreuse. Dans le premier cas, les minerais restent douze heures, dans le second, seulement six heures, à parcourir le fourneau.

L'usine de Treibach fut signalée jadis pour ses fortes productions. Elle était de 13 tonnes dès 1832; aujourd'hui elle est de 20 à 25 tonnes, mais on irait au delà si le bois ne faisait défaut.

Les trois hauts fourneaux actuels ont 15 mètres de hauteur sur $3^m,16$ au ventre. On chauffe le vent jusqu'à 350 ou 400 degrés. Le grillage des minerais se fait au gaz.

Outre la forge de Prévali, la société possède encore celle de Buchscheiden, entre Saint-Veit et Villach. Elle marche à la tourbe. On y lamine les lingots de Heft, et on puddle en outre les fontes de Treibach, partie dans des fours Siemens, partie dans des fours doubles ordinaires. Pour le soudage et le réchauffage, les fours Siemens sont seuls employés.

La valeur de la production annuelle des usines de la société de Hüttenberg s'élève à 20 millions de francs.

---

[1] Je viens d'apprendre que les essais ont échoué.

En dehors des établissements de cette vaste association, je me bornerai
à mentionner les usines du comte de Egger, dont l'exposition était surtout
remarquable par ses beaux fils de fer. On connaît sa forge de Lippitzbach
par les mémoires de M. Le Play. Les fours à gaz y existent encore,
mais on les alimente à la tourbe et non plus au bois. Pour le réchauffage,
on se sert uniquement de fours Siemens.

Faute de bois, les usines sont peu nombreuses en Carniole. La société
industrielle de Carniole, dont le siége est à Leibach, a exposé de beaux
spécimens de ferro-manganèse, obtenu au haut fourneau, en traitant un
mélange de fer spathique et d'oxyde de manganèse. La teneur en manganèse dépasse 30 p. o/o, mais le haut fourneau ne peut conserver cette
allure sans danger que pendant peu de jours.

HONGRIE.

Les forges de la Hongrie sont peu importantes et peu avancées, sauf
celles de la société des chemins de fer de l'État (*Staatsbahn*) dans le Banat.
L'exposition de cette société était certainement l'une des plus intéressantes
à tous les points de vue, surtout lorsqu'on songe aux difficultés à vaincre
dans un pays naguère encore habité presque uniquement par des bûche-
rons et de simples mineurs. La société a dû tout créer : tracer des routes
et des chemins de fer, bâtir des villages, ouvrir des houillères et des
mines de fer, établir des fonderies et des forges, et, par-dessus tout,
dresser un nombreux personnel ouvrier.

Aujourd'hui, dans ses trois grands établissements de Steyerdorf, Anina
et Reschitza, on trouve plusieurs mines de houille et mines de fer; six
grands hauts fourneaux au charbon de bois et deux au coke; une grande
usine Bessemer et deux belles forges pour la fabrication des rails, bandages, essieux, tôles fortes, etc. L'ensemble de ses propriétés dans le Banat
mesure 130,206 hectares.

Depuis dix-huit ans que le Staatsbahn possède ces vastes domaines, la
production annuelle, en y comprenant la mine de houille de Kladno en
Bohême et ses ateliers de machines de Vienne, est montée :

	la houille...............	de 80,000 tonnes à	700,000 tonnes.
	le minerai de fer..........	15,000	70,000
Pour	la fonte................	7,500	35,000
	le fer laminé............	6,000	27,500
	le nombre des locomotives...	25	100

Parmi les objets exposés, on peut noter : des longerons en acier Bessemer, de 60 centimètres de largeur sur 15 millimètres d'épaisseur, étirés au laminoir universel; des roues montées, dont les essieux sont en acier Bessemer; des bandages du même métal, ayant jusqu'à 2^m,80 de diamètre; un lingot d'acier de 9 tonnes; des rails en fer et en acier; des fers plats de toute grandeur, etc.

Les établissements du Banat comprennent quatre groupes : Resiscza, Anina-Steyerdof, Dognacska, et les usines à cuivre, plomb et argent de Orawicza, Szaszka, etc.

A Resiscza, on exploite à la fois, mais faiblement, la houille du terrain houiller proprement dit et celle du lias. L'extraction totale, en 1872, fut de 57,800 tonnes, dont une partie est transformée en coke de cubilot.

Les trois hauts fourneaux de Resiscza marchent au charbon de bois pour fonte grise Bessemer. On y traite spécialement les minerais magnétiques de Moravicza. La hauteur des fours est de 13^m,30, leur volume de 53, 57 et 74 mètres cubes. Ils produisent ensemble, par vingt-quatre heures, 34 tonnes de fonte grise. Non loin de là, à Bogsan, un quatrième haut fourneau, de mêmes dimensions, produit surtout de la fonte de forge.

La fonte de Resiscza va directement des hauts fourneaux aux cornues Bessemer; elles sont au nombre de trois, tenant 9 tonnes chacun. La production annuelle en lingots Bessemer est de 9,000 tonnes.

La forge comprend 11 fours à puddler, et une trentaine de fours à réchauffer ou à souder, pour la transformation du fer brut et des lingots d'acier en rails, bandages, etc.

Le second établissement, Anina-Steyerdorf, comprend l'importante houillère de Steyerdorf, dans la formation liasique, qui fournit à la fois de la houille grasse, du blackband et des schistes bitumineux, dont on extrait des huiles légères et de la paraffine.

En 1872, la mine a fourni :

Houille. . . . . 175,000 tonnes.
Blackband. 14,000
Huile provenant des schistes 1,600

Le blackband, mêlé de minerais oxydulés, est traité dans les deux hauts fourneaux d'Anina, dont l'un marche au coke seul, l'autre au mélange de coke et de charbon de bois. Ils produisent ensemble 15,000 tonnes de fonte. La forge, située au voisinage des hauts fourneaux, se compose de 20 fours de puddlage et de 10 fours à réchauffer. A la fonte affinée on associe de vieux rails, et l'on produit ainsi annuellement 15,000 tonnes de rails neufs en fer.

Enfin, non loin d'Anina, à Dognacska, on a établi deux hauts fourneaux au charbon de bois, destinés à traiter les minerais oxydulés du voisinage. C'est là aussi que l'on exploite des minerais de cuivre et de plomb, dont l'importance toutefois devient d'année en année moins considérable. Il suffit de les mentionner pour mémoire.

Le Staatsbahn possède aussi de vastes ateliers à Vienne, où l'on voit fonctionner les ingénieuses presses à forger de M. Haswell, l'habile ingénieur de ce bel établissement. Cet outil a été perfectionné depuis l'Exposition de 1867, et sert au forgeage d'un grand nombre de pièces.

FRANCE.

Je serai bref sur l'exposition française, d'abord parce que je n'ai rien à apprendre à mes compatriotes sur la situation présente de nos usines, et ensuite parce que la sidérurgie française était fort incomplétement représentée à Vienne. La plupart des grandes sociétés se sont abstenues. Et pourtant disons tout de suite que les rares forges qui ont envoyé des produits à Vienne ont dignement soutenu la réputation de nos établissements. Il suffit de mentionner le Creuzot, les forges et aciéries de Saint-Étienne, celles de Firminy, l'usine de Marquise, la société Revollier et Biétrix de Saint-Étienne; enfin les ateliers Deflassieux et Peillon, Arbel, et Brunon frères, de Rive-de-Gier.

Rappelons que la production de la France, en 1872, s'est élevée :

Pour la fonte, à .... 1,180,000 tonnes.
Pour le fer doux non fondu, à 883,000
Pour le fer et l'acier fondus, à 138,000

Le Creuzot est aujourd'hui, sinon le plus vaste, au moins l'un des plus vastes ensembles miniers et métallurgiques du monde entier :

Il occupe, avec ses annexes, 15,500 ouvriers, et sera en mesure, en 1874, de produire :

Houille............................ 715,000 tonnes.
Fonte (provenant de 13 hauts fourneaux).... 180,000
Fer soudé.......................... 90,000
Acier et fer fondus.................. 60,000

de plus, 100 locomotives, valant 7 millions, et des appareils et machines de toutes espèces, pour 8 millions et demi.

Le Creuzot a exposé une collection complète des houilles et minerais consommés dans ses usines, depuis les minerais oolithiques de Mazenay jusqu'au fer oxydulé de Mokta. Mais ce qui a surtout frappé tous les connaisseurs, c'est la série des fers et aciers, classés par numéros de qualité, d'après un ensemble d'épreuves variées.

Les fers sont divisés au Creuzot en sept numéros : le plus ordinaire est noté n° 1, le plus doux et le plus malléable n° 7. Chaque numéro était représenté à l'Exposition par une barre brisée, d'uniforme dimension, permettant de comparer la finesse, la nuance et la nature propre de la cassure. Ce qui caractérise les fers supérieurs, c'est moins la grandeur de la charge qui détermine la rupture que l'extensibilité de la barre, que l'on peut apprécier, soit par l'allongement total précédant la rupture, soit par la contraction de la barre dans la section rompue; et cette contraction elle-même se mesure par le rapport de la section rompue à la section primitive, coefficient désigné sous le nom de *striction;* la résistance peut aussi se mesurer en rapportant la charge de rupture à la section rompue.

Ainsi, pour tous les numéros de 1 à 7, la charge de rupture par millimètre carré est à peu près constante, lorsqu'on la rapporte à la section primitive; elle est invariablement de 38 à 39 kilogrammes [1], sauf le n° 1, le fer le plus ordinaire, qui a donné 41 kilogrammes, en sorte que, en se bornant à cette seule mesure, on déclarerait supérieur à tous les autres le fer qui est en réalité le plus cassant, le plus impur, celui qui renferme spécialement le plus de phosphore; c'est l'erreur dans laquelle est tombé Fairbairn lorsqu'il a proclamé l'acier phosphoré Heaton supérieur à tous les autres [2]. On arrive à des résultats tout différents lorsqu'on consulte les autres éléments que je viens de signaler. Ainsi, l'allongement total n'est que de 10 p. o/o pour le n° 1, lorsqu'il est de 15 p. o/o pour le n° 2 et de 34 p. o/o pour le n° 7. La striction est de 0,80 pour le n° 1, et de 0,35 pour le n° 7; enfin la charge de rupture, rapportée à la section rompue, est de 51^k,3 pour le n° 1 et de 112 kilogrammes pour le n° 7. C'est là la vraie mesure de la résistance à des efforts où interviennent des ébranlements moléculaires et des chocs plus ou moins violents. J'ajouterai que la tôle a toujours donné un allongement et une résistance plus faible, dans le sens du laminage, que les barres préparées avec le même fer.

La série des aciers et des fers homogènes offrait plus d'intérêt encore que celle des fers soudés. Le Creuzot se contente de fabriquer d'une façon courante les aciers doux pour tôles, essieux, bandages, rails, etc., et non

[1] Tous les essais ont été faits de la même façon et sur des barreaux cylindriques tournés, ayant rigoureusement 100 millimètres de longueur et 200 millimètres carrés de section.

[2] Voir le Mémoire sur les propriétés mécaniques des aciers phosphorés, *Annales des mines,* t. XVII p. 346 (6ᵉ série).

les aciers durs pour outils, coutellerie, etc. En partant de la classification
de M. Tunner, ce ne sont en réalité que les quatre numéros 4 à 7, dont
le premier, le n° 4, renferme 0,0065 à 0,0075, et le dernier 0,0010 de
carbone. Mais, comme les teneurs en carbone sont difficiles à fixer rigoureusement, et que les qualités de l'acier dépendent plus encore de quelques
autres éléments étrangers, tels que le silicium, le soufre, et surtout le
phosphore, l'usine du Creuzot divise ses aciers, non d'après le degré de
carburation, mais d'après le degré d'allongement, mesuré à la suite
de la rupture. Chaque numéro offre 2 p. o/o d'allongement de plus que
le précédent. Le numéro le plus carburé et le plus dur, le n° 1 du Creuzot,
s'allonge de 13 p. o/o [1], tandis que chacun des numéros suivants, con-
tenant en moyenne 0,0005 de carbone de moins, s'allonge de 2 p. o/o en
sus. Outre le classement par NUMÉROS, il y a aussi le classement par PURETÉ
relative. Sous ce rapport, le Creuzot différencie les qualités A, B, C. Les
numéros 1 à 5 de la qualité ordinaire A conviennent surtout pour les
rails; les numéros plus élevés, peu carburés, peuvent tenir jusqu'à 0,002 de
phosphore, sans devenir par trop aigres. La qualité B, préparée avec des
fontes plus pures, est destinée aux bandages, tôles, essieux. La qualité
C résulte de fontes ou de minerais extrapurs; ce sont les aciers de choix,
tenant, comme ceux de Dannemora, moins de 0,0001 de phosphore. La
qualité A est divisée en neuf numéros, la qualité B en dix, et la qualité
C en onze.

Ajoutons que les épreuves par traction ont toutes été faites sur des barres
trempées [2] et sur des barres non trempées, et qu'à l'Exposition tous les
numéros étaient, en outre, représentés par des spécimens à section carrée
de 4 centimètres de côté, les uns plus ou moins ployés, les autres rompus
en vue du grain.

Voilà les résultats les plus saillants des tableaux publiés par l'usine du
Creuzot.

Ils confirment d'abord que l'allongement est d'autant plus considérable,
et la charge de rupture d'autant plus faible, que l'acier est moins dur
(moins carburé et moins trempé). Ainsi, en ce qui concerne la qualité
C, le n° 1 s'allonge de 13 p. o/o avant la trempe, et de 5 p. o/o après;
il rompt sous la charge de 79 kilogrammes par millimètre carré de la
de la section primitive, avant la trempe, et sous celle de 123 kilogrammes
après.

Le n° 11, par contre, s'allonge de 35 p. o/o avant et de 33 p. o/o après

---

[1] Toutes les barres d'acier, pour essais par traction, avaient, comme les barres de fer, 10 centimètres de longueur et 200 millimètres carrés de section circulaire. — [2] La trempe a été faite au rouge vif, mais à l'huile.

la trempe, et rompt déjà sous les charges de $39^k,3$ et de 46 kilogrammes avant et après la trempe.

La striction du n° 1 (C) est de $0,788$ et celle du n° 11 de $0,268$ avant la trempe, contre $0,930$ et $0,255$ après.

Les charges de rupture, rapportées à la section rompue, atteignent $100^k,2$ et $146^k,6$ pour les n°ˢ 1 et 11 (C) avant la trempe, contre $132^k,2$ et $180^k,5$ après.

On voit, par ces chiffres, que la trempe a d'autant moins d'influence sur l'allongement et la striction que le degré de dureté ou de carburation est moins considérable.

Il résulte aussi des tableaux publiés par l'usine du Creuzot que, si les n°ˢ 1 des trois qualités A, B, C présentent, avant la trempe, le même allongement de 13 p. o/o, et presque la même striction et la même résistance à la rupture, soit :

	Charge de rupture.	Striction.
Pour A	$76^k,2$	$0,800$
Pour B	$77,7$	$0,793$
Pour C	$79,0$	$0,788$

les différences sont plus accusées après la trempe.

Ainsi, le même n° 1 a donné, après la trempe :

	Allongement.	Charge de rupture.	Striction.
Pour A	2 p. o/o	$117^k,0$	$0,980$
Pour B	3,8	$119,3$	$0,950$
Pour C	5	$123,0$	$0,93$

Tandis que le n° 9 a donné, après la trempe :

	Allongement.	Charge de rupture.	Striction.
Pour A	21 p. o/o	$56^k,2$	$0,428$
Pour B	22	$58,8$	$0,398$
Pour C	23,4	$63,8$	$0,375$

Il faut, au reste, remarquer ici, pour éviter tout malentendu, que, si les trois n°ˢ 1 des qualités A, B, C donnent le même allongement, il ne s'ensuit nullement que le degré de carburation soit identique; ainsi, à numéro égal, la qualité A est certainement moins carburée que B et C, mais ce type doit son aigreur plus grande, spécialement après la trempe, à la présence de quelques dix-millièmes d'éléments étrangers, au phosphore surtout.

4.

Si le prix de vente par 100 kilogrammes est représenté par p pour le
n° 1 de la qualité A, la catégorie B se vendra $p + 15^f$, et C, $p + 30^f$.

Les sept premiers numéros de chaque qualité sont d'ailleurs cotés au
même prix que le n° 1, mais, pour les numéros supérieurs de 8 à 11, on
compte 2 francs de plus par 100 kilogrammes et chaque numéro, à cause
de leur moindre fusibilité.

Disons, pour terminer, que la fabrication des aciers Bessemer, au Creuzot, est surtout fondée sur l'emploi des minerais de Mokta. Cette usine reçoit annuellement plus de 100,000 tonnes de ce minerai, dont l'extraction totale a atteint 400,000 tonnes en 1873. Le Creuzot se prépare, au
reste, à exploiter sous peu, très-activement, en Savoie et dans le Dauphiné,
ses propres mines de fer spathique, qui pourront ainsi remplacer utilement
le Mokta dans un avenir prochain.

L'acier Bessemer est fabriqué dans six cornues de 10 tonnes chacune,
recevant directement la fonte des hauts fourneaux. Outre cela, l'usine
renferme aussi de nombreuses batteries de fours Martin et quelques fours
pour la fusion de l'acier au creuset.

Parmi les autres exposants français, citons l'usine de M. Verdié, à
Firminy, qui, la première en France, a fabriqué l'acier Martin d'une
façon courante. Cette usine s'est notablement développée depuis 1867;
elle possède aujourd'hui neuf fours Martin, vingt-quatre fours à puddler
avec tous ses accessoires, un grand haut fourneau, des ateliers pour rails,
bandages, ressorts, essieux, etc. Le nombre des ouvriers approche de deux
mille, et le chiffre des affaires de 10 millions.

Les forges et aciéries de Saint-Étienne, dirigées par M. Barroin, ont
pris également un grand développement. On y voit une paire de cornues
Bessemer de 4 tonnes, un grand laminoir à renversement pour fortes
tôles et plaques de blindage. On y fabrique, en outre, des bandages en
acier Bessemer et en fer soudé, de grands fers ronds à l'aide de trios, etc.
On voyait spécialement à Vienne de belles tôles de chaudière de $2^m,40$
de largeur, et un énorme longeron en fer plat de 14 mètres de longueur
sur $1^m,30$ de largeur et $0^{mm},033$ d'épaisseur, pesant 4,500 kilogrammes.

La fabrication des frettes en fer mérite également d'être signalée. On
prépare un anneau en fer plat enroulé, on soude au marteau, puis, à
l'aide d'un travail multiple par martelage, bigornage et matriçage, on
finit par dégager les tourillons de l'anneau lui-même, sans aucune pièce
de rapport soudée sur l'anneau. Les fibres du fer restent ainsi continues
et donnent à l'ensemble plus de solidité.

Le poids des produits annuels de cette usine atteint 26,000 tonnes et
paraît devoir grandir encore.

MM. Revollier et Biétrix, de Saint-Étienne, depuis longtemps avantageusement connus comme constructeurs de machines, se livrent aussi, depuis quelques années, à la fabrication des bandages. Ils fabriquent eux-mêmes de l'acier fondu dans trois fours Martin. Le lingot, presque cubique, est aplati et percé sous le marteau-pilon, puis ébauché et fini au laminoir annulaire. Les cylindres de l'ébaucheur sont horizontaux, ceux du finisseur verticaux. Pour engager l'anneau entre les cylindres de l'ébaucheur, on abaisse l'inférieur; après quoi on le relève, parallèlement à lui-même, en faisant agir l'eau d'un accumulateur sur les pistons qui portent les coussinets. Les bandages de MM. Revollier et Biétrix sont depuis longtemps acceptés sur nos chemins de fer, et ont figuré dignement à l'Exposition de Vienne.

On connaît les roues de MM. Arbel et Deflassieux, de Rive-de-Gier. Ces deux industriels sont aujourd'hui séparés et avaient chacun une belle exposition à Vienne.

A côté d'eux vient se placer un nouveau fabricant, MM. Brunon frères, de Rive-de-Gier, qui se sert de la presse à l'eau, au lieu du marteau à matrice, pour opérer le soudage des diverses pièces de la roue. On voit que l'emploi de la presse pour le forgeage du fer, proposé d'abord par Haswell de Vienne, commence à se répandre dans les ateliers. En Westphalie et sur les bords du Rhin, plusieurs fabricants l'emploient pour emboutir les fonds de chaudières et les plaques foyères des locomotives.

Mentionnons enfin les beaux produits de M. Harel et Cie, de Givors, les grands tuyaux en fonte de Marquise et de Pont-à-Mousson, quelques belles pièces, en acier fondu moulé, de l'usine d'Ermont, près de Paris, et nous aurons complété la revue de l'exposition des forges françaises à Vienne. Nous devons cependant rappeler encore, comme produits d'art hors ligne, les deux magnifiques expositions de M. Durenne, de Sommevoire (Haute-Marne), et de la société anonyme du Val-d'Osne, qui l'une et l'autre ont vivement attiré l'attention des visiteurs.

BELGIQUE.

L'industrie du fer est toujours fort active en Belgique. La production du fer a sensiblement doublé dans le cours des dix dernières années.

En 1862, la Belgique avait produit:

Fonte...   356,550 tonnes.
Fer..   237,060

En 1872 :

Fonte.................................,................   655,565 tonnes.
Fer...   502,577

Mais les minerais de fer indigènes sont loin de suffire à une pareille production.

La Belgique n'en a produit, en 1872, que........   749,781 tonnes.
Elle en a reçu de l'étranger (du Luxembourg surtout).   789,000

TOTAL............. 1,538,761 tonnes.

La fabrication de l'acier est relativement faible en Belgique, aucun des minerais indigènes n'étant suffisamment pur pour cela; cependant trois ou quatre usines belges fabriquent aujourd'hui de l'acier; aussi la production, qui n'était encore que de 2,833 tonnes en 1867, est montée, en 1872, à 15,284 tonnes.

La Belgique était représentée, à l'Exposition de Vienne, d'une façon beaucoup plus complète que la France; peu d'usines se sont abstenues. La plus importante, celle de Seraing, a exposé, outre ses machines à vapeur et sa grande soufflerie verticale, dont nous n'avons pas à nous occuper ici, de nombreuses pièces de forge, des bandages, des ressorts, des rails, des tôles embouties, des canons de fusil, et, de plus, des spécimens de fontes, fers et aciers. Le personnel ouvrier de cette usine atteint aujourd'hui 8,900, et la valeur des produits annuels, 25 à 30 millions.

L'aciérie surtout reçoit de grands développements; elle renferme déjà quatre cornues Bessemer de 5 à 7 tonnes, et bientôt on doit en établir six autres, ainsi que plusieurs hauts fourneaux, propres à la production de la fonte à acier. On y fondra des minerais d'Espagne (Sommo-Rostro).

Deux autres établissements ont exposé de l'acier : l'aciérie d'Angleur, fondée seulement en 1872, et la société anonyme de la fabrique de fer d'Ougrée, à Seraing, qui prépare, en métal Bessemer et en acier puddlé, des bandages et des essieux justement appréciés.

Parmi les forges proprement dites, le grand établissement de Sclessin avait une exposition remarquable. On doit surtout rappeler ici ses poutrelles et nombreux fers de construction; en particulier, des quarts de cylindre creux, munis de brides, qui, rivés ensemble, constituent des poutres cylindriques de 15 à 20 mètres de longueur sur 0^m,20 à 0^m,25 de diamètre intérieur. On les emploie comme maîtresses tiges de pompes, ou bien, après cintrage convenable, pour la construction de ponts métalliques à large ouverture. On y fabrique aussi, depuis peu, de l'acier et du fer homogène dans trois fours Martin. Enfin un four Danks vient d'y être installé pour essayer le puddlage mécanique. Six hauts fourneaux, dont quatre en activité, fournissent 50,000 tonnes de fonte, et la forge, 30,000 tonnes de fer ou d'acier. L'usine de Sclessin avait également exposé, dans la halle des machines, un beau laminoir universel, qui a dû être monté depuis lors dans une grande forge allemande des bords du Rhin.

Parmi les usines belges, mentionnons encore : Couillet et Marcinelle, qui ont exposé des rails et des fers façonnés, ainsi que des roues de wagonnets en fer, faites d'une seule pièce par voie de matriçage; la forge de l'Espérance, pour ses tôles et ses fers-blancs; celle de Jemmapes, pour ses larges plats; l'établissement de Sillyé-Pauwels, à Bruxelles, pour ses belles tôles polies; l'usine de MM. Charles et Hippolyte Chaudoir, à Liége, pour de grands tubes en tôle de fer, soudés au laminoir; le Châtelet, près Charleroi, pour les fers du commerce de tout genre, et surtout pour la spécialité des feuillards; enfin Jowa-Delheid et C*, de Liége, pour ses fils de fer; la forge de Charleroi, de Victor Gilliaux, pour ses larges plats striés; et celle de M. Gaffin, à Bruxelles, pour ses essieux, tôles et fers plats de diverses sortes.

Pour clore la revue de l'exposition belge, il me reste à parler de deux laminoirs : l'un, encore à l'état de simple projet, était représenté à Vienne par un modèle, c'est le laminoir universel à trois cylindres de MM. Gillon et Dujardin; l'autre, le laminoir différentiel de MM. Lauth et Deby, qui fonctionne déjà dans quelques grandes forges de Charleroi et de Liége, dans les usines de l'Espérance et de Sclessin, entre autres.

Le trio universel de MM. Gillon et Dujardin doit laminer les fortes tôles et les gros fers plats. Les cylindres supérieur et médian sont l'un et l'autre suspendus par des tiges à contre-poids, comme le cylindre supérieur des tôleries ordinaires. Les vis de pression agissent directement sur les coussinets du cylindre supérieur, et indirectement, par l'intermédiaire de ceux-ci, sur les coussinets du cylindre médian, toutes les fois que la pièce à laminer doit passer entre ce cylindre et le laminoir inférieur. Les trois cylindres sont reliés, à la façon ordinaire, avec une cage à pignons dentés, ce qui permet au moteur d'actionner le train simultanément par les trois axes. Pour les fers plats, le laminoir est muni de cylindres verticaux que l'on déplace à l'aide de vis à la façon ordinaire; l'une des paires sert pour le passage supérieur, l'autre pour le passage inférieur; des tabliers releveurs existent des deux côtés. Au tablier supérieur sont fixées des chaînes dont les bouts inférieurs sont attachés aux leviers à contre-poids du cylindre médian. De cette façon, lorsque ce tablier vient à être soulevé, les

contre-poids le sont également; par cela même, le cylindre médian s'abaisse
et ouvre au paquet le passage supérieur. Dès que le tablier redescend,
le cylindre médian remonte, et la pièce à étirer peut passer entre ce cylindre et le laminoir inférieur. L'agencement du trio est, comme on le voit,
un peu compliqué, mais rien ne semble devoir s'opposer à sa bonne
marche, pourvu que les articulations soient bien établies.

Le laminoir différentiel Lauth, inventé aux États-Unis, a également
pour but le double laminage sans renversement. On l'emploie surtout
dans le cas des tôles minces. C'est un trio dont le cylindre médian a un
diamètre beaucoup plus faible que les cylindres extrêmes. Lorsqu'il fonctionne comme finisseur, les cylindres médian et supérieur sont tous deux
entraînés par simple frottement. Dans les dégrossisseurs, le cylindre supérieur est également actionné, mais le médian est toujours mû par simple
entraînement. Le cylindre supérieur est suspendu et pressé par vis à la
façon ordinaire; le cylindre médian, tout en reposant sur l'inférieur, ne
s'oppose pas au passage des tôles minces, à cause de sa légèreté relative.
Mais il faut le suspendre également pour le laminage des tôles fortes. Le
trio en question accélère le travail, diminue les chaudes, et paraît même
exiger une moindre force, par suite du faible diamètre du cylindre médian. En tout cas, l'usine de l'Espérance se dit très-satisfaite des résultats
obtenus.

SUÈDE.

Au point de vue de l'industrie des fers, la situation de la Suède ressemble
à bien des égards à celle de la Styrie et de la Carinthie : richesse et pureté des minerais, absence ou rareté du combustible minéral, nombreux
cours d'eau, dispersion des forges, etc. Comme dans les Alpes, et plus encore qu'en Autriche, les mines et les usines sont divisées, éparpillées, sans
autre lien que celui du comptoir de fer de Stockholm, dont la principale
préoccupation est la vente des produits à l'étranger. L'absence des voies
de communication, la difficulté de réunir sur un même point de grandes
masses de combustible, voilà les causes qui se sont opposées à la création
de vastes établissements et à l'adoption générale des procédés nouveaux.
Sous ce rapport, l'Autriche a pris les devants : les chemins de fer y sont
nombreux, les intérêts se sont fusionnés, de grands établissements ont pu
être créés. La Suède sent le besoin d'une transformation analogue. M. Åker-
mann, professeur de métallurgie à l'École des mines de Stockholm, s'est
fait l'organe de ces besoins nouveaux, dans une intéressante notice sur
la situation de la sidérurgie suédoise aux premiers jours de l'année 1873,
notice d'où j'extrais la plupart des renseignements qui vont suivre.

On s'est décidé un peu tard à ouvrir des voies ferrées en Suède, mais on en reconnaît aujourd'hui l'urgente nécessité. Ils produiront forcément, en ce qui concerne les mines et les forges, la transformation déjà réalisée dans les Alpes.

A la fin de 1871, la Suède possédait 1,855 kilomètres de voies ferrées exploitées, et 2,100 kilomètres en construction. Encore quelques années, et le transport irrégulier par traîneaux fera partiellement place à la circulation quotidienne par chemins de fer; alors les minerais et les combustibles pourront être amenés au voisinage des grandes chutes d'eau; les hauts fourneaux et les forges pourront s'y grouper.

Dans les forges des Alpes, nous l'avons dit, l'affinage au charbon de bois et aux bas foyers a généralement disparu. Depuis plusieurs années déjà on se sert de combustibles inférieurs. Les fours de puddlage et de réchauffage, marchant au lignite ou à la tourbe, ont en grande partie remplacé les bas foyers. Sous ce rapport aussi la Suède a marché moins rapidement. L'affinage proprement dit se fait encore presque partout au charbon de bois et dans les bas foyers. Pour le réchauffage et le corroyage seuls, on a recours, depuis quelques années, aux réverbères et aux gaz, que l'on produit avec de la tourbe ou des déchets de bois, et parfois même encore avec du charbon de bois. Quant aux fers supérieurs, comme ceux de Danemora, ils sont, en tout cas, exclusivement travaillés au charbon de bois, et continueront sans doute à être affinés ainsi pendant longtemps encore, de peur d'en altérer les précieuses qualités.

Le puddlage proprement dit est, en Suède, une rare exception. Une seule forge importante, celle de Motala, puddle à la houille anglaise; deux autres établissements, Nyby et Surahammer, puddlent au bois.

Néanmoins l'emploi des combustibles inférieurs commence à se répandre. Les générateurs Lundin-Siemens se multiplient. On s'y voit forcé, comme en Autriche, par l'énorme renchérissement du bois. Il y a peu d'années, on pouvait encore se procurer le charbon de bois, dans les lieux les plus favorisés, au prix de 1 fr. 75 cent. le mètre cube; 7 francs était le prix dans les districts ordinaires; aujourd'hui, dans ces mêmes lieux, le mètre cube se paye jusqu'à 14 et 17 francs, prix peu inférieur à celui de la France.

L'accroissement de la production du fer et la faible durée annuelle de la végétation sont les causes de cet énorme renchérissement.

En 1860, la Suède a produit :

Fonte . . . . 185,000 tonnes.
Fer en barres 137,000

En 1871, dans 207 hauts fourneaux :

Fonte . . . . 298,000 tonnes.
Fer en barres (non compris l'acier, la tôle, etc.) 188,000

En 1871, la Suède a d'ailleurs exporté :

Minerais de fer . . . . 12,000 tonnes.
Fonte en gueusets 41,000
Massiaux 10,000
Fer en barres 143,000
Fer feuillard et clous 18,000
Tôles et fers divers 7,600
Acier 5,500

c'est-à-dire presque la totalité du fer produit.

En 1872 et 1873, l'exportation du minerai a, en outre, considérable-ment augmenté, et devra certainement se développer beaucoup dans un avenir prochain.

On se propose d'importer du coke anglais, pour fabriquer, en Suède, de la fonte et de l'acier Bessemer, puis les navires ramèneront, en lest, du minerai pur et riche aux usines anglaises. On pense que le minerai, ainsi rendu à Newcastle, ne dépassera pas 30 francs la tonne dans les circons-tances ordinaires.

Mais, pour l'exploiter dans des conditions avantageuses, il faut que le système des petites mines isolées fasse place à de grands travaux d'en-semble.

En 1871, la production totale de 647,000 tonnes de minerais a été fournie par plus de cent mines! L'insuffisance des travaux ressort de ce fait que, dans les premiers mois de 1873, le minerai fut payé, sur les mines, jusqu'à 24 et même 30 francs la tonne, lorsqu'en 1871 le prix de vente ordinaire ne dépassait pas 6 fr. 50 cent. à 10 francs. Une pareille hausse doit évidemment stimuler les travaux de mines.

Les dimensions, et surtout la production des hauts fourneaux suédois, sont au-dessous de ceux que l'on rencontre en Styrie. La moindre ré-ductibilité des minerais, et les difficultés que rencontre l'accumulation des charbons, expliquent le fait.

Les hauts fourneaux ont actuellement 12 à 16 mètres de hauteur, mais seulement 2 à 3 mètres au ventre et 80 centimètres à 1 m,40 aux tuyères. Le volume des fourneaux varie de 23 à 90 mètres cubes; le nombre des tuyères, de deux à quatre.

En chauffant le vent vers 150 à 200° centigrades, on consomme, pour la fonte de forge, blanche ou truitée, 75 à 85 p. o/o de charbon. La production par vingt-quatre heures est de 5 à 7 tonnes dans les petits hauts fourneaux, de 12 à 20 dans les grands.

Les gueulards sont en général ouverts, même quand on utilise les gaz; on se sert alors de trémies cylindriques de $2^m,50$ à 3 mètres de profondeur.

Les gaz servent pour le chauffage du vent et le grillage des minerais.

Cette dernière opération se fait dans de vastes fours à cuve soufflés, dits fours *Westman*. L'air, insufflé par un ventilateur et un grand nombre de tuyères, brûle le gaz plus uniformément et développe une température plus élevée que l'air simplement aspiré par les anciens fours de Danemora. On tient à chauffer jusqu'à frittage complet, pour expulser le soufre d'une façon plus complète.

Les laitiers sont trisilicatés dans les hauts fourneaux de Finspong pour canons; bisilicatés pour les fontes de forge ordinaires affinées par la méthode du Lancashire; presque protosilicatés, à Danemora, pour la fonte blanche des bas foyers wallons; enfin protosilicatés, ou même un peu basiques, pour les fontes grises Bessemer et les fontes spéculaires riches en manganèse.

Les usines Bessemer commencent à se multiplier en Suède; ce pays est, en effet, comme la Styrie, naturellement désigné pour l'affinage rapide des fontes pures. Le seul obstacle qui a empêché jusqu'à présent l'installation de ces puissants appareils est leur grandeur même. Le poids de fonte qu'une cornue est appelée à affiner par jour est hors de proportion avec celui que peut fournir un haut fourneau de faibles dimensions, marchant au charbon de bois. Il faut nécessairement, pour alimenter directement et d'une façon économique une cornue Bessemer, avoir à sa disposition soit un haut fourneau de très-grandes dimensions, soit deux ou trois fourneaux moins considérables, réunis dans une même usine. Or cette condition ne se trouvait remplie jusqu'à présent que dans la seule usine de Finspong (la fonderie de canons). L'ouverture des voies ferrées, en permettant la concentration du charbon de bois sur un même point, va maintenant conduire à la création d'usines plus importantes, pourvues d'appareils Bessemer. Cette transformation est même déjà commencée. Ainsi, en 1872, on a établi six usines Bessemer, tandis qu'en 1871 les sept établissements existants, dont trois à cornues fixes, n'avaient encore produit que 8,000 tonnes de lingots.

Toutes les cornues existantes, ou en voie d'installation, recevront directement la fonte du haut fourneau. Comme en Styrie, à cause de la pureté des fontes, on pousse rarement jusqu'à la décarburation complète. Le plus souvent on n'ajoute rien, ou tout au plus 1 à 2 p. o/o de fonte spéculaire. Les lingots Bessemer sont principalement transformés en rails, bandages, essieux et tôles de chaudière. Ces fabrications accessoires sont déjà installées à Motala, Fagersta, Surahammer et Sandwicken. Pour les rails, on lamine les lingots directement sans martelage préalable.

L'affinage au charbon de bois se fait, en Suède, selon deux méthodes. Si l'on veut de bons fers denses et homogènes, on se sert de la méthode du Lancashire (affinage proprement dit au bas foyer, et corroyage, au gaz ou à la houille, dans un réverbère); si l'on veut des fers purs et carburés, on a recours à la méthode wallone (affinage au bas foyer, et corroyage dans un autre bas foyer, également au charbon de bois). C'est la méthode suivie, à Danemora, pour les fers qui doivent être cémentés. C'est du reste beaucoup moins à la méthode d'affinage qu'à la pureté des minerais qu'il faut attribuer ce que M. Le Play a appelé la propension aciéreuse. Ce fait, aujourd'hui bien établi, ressort nettement de la brochure de M. Åkerman. Tous les minerais de fer de Suède, même les plus purs, renferment du phosphore à l'état de phosphate de chaux; mais de tous ces minerais celui de Danemora en contient le moins, environ $0,00003$, tandis que la teneur des autres minerais oscille entre $0,00005$ et $0,0005$. Quelques-uns même, comme une partie de ceux de Gellivera et de Grangärd, vont depuis $0,001$ ou $0,002$ jusqu'à $0,015$.

Si l'on observe, de plus, que la gangue des minerais de Danemora, plus ou moins calcaire et riche en manganèse, est facilement fusible sans mélange étranger, on aura la clef de son excellente qualité. Il n'y a pas en réalité de minerai à propension aciéreuse; tous les minerais peuvent donner de l'acier, mais ceux-là seuls donnent de *bon* acier (du fer carburé non aigre), qui sont à peu près chimiquement purs, et peuvent être réduits et fondus à une température relativement peu élevée, grâce à la présence d'une certaine proportion d'oxyde de manganèse.

L'exposition des usines suédoises, à Vienne, attirait les regards des connaisseurs comme celle de 1867 à Paris.

Je citerai surtout celle de Fagersta dans la rotonde centrale, l'exposition collective du Comptoir de fer, et les expositions de la forge de Motala et de la fonderie de Finspong.

Dans la vitrine de Fagersta on voyait uniquement des aciers Bessemer de tout genre, fabriqués directement sans addition de fonte recarburante : lingots bruts, rails, essieux, arbres à manivelle, ressorts, tôles de chaudière, lames de scie, canons de fusil, acier pour outils, etc. Une série de barres, soumises aux épreuves de traction, de flexion, etc., dans les ateliers de M. Kirkaldy, à Londres, indiquaient le grain, la ténacité et le degré de carburation des principaux produits. La fonte avec laquelle on prépare ces aciers est plutôt truitée blanche que grise. Elle contient 0,045 de manganèse, 0,0077 de silicium et 0,00027 de phosphore. Dans les autres usines suédoises, on traite pour acier Bessemer plutôt des fontes grises tenant 1,5 à 2 p. o/o de silicium.

La scorie Bessemer de Fagersta est plus ou moins cristalline; elle ressemble à la scorie manganésifère du four Martin de M. Verdié de Firminy. Elle renferme 46,7 p. o/o de silice, 32 p. o/o de protoxyde de manganèse, 15,6 p. o/o de protoxyde de fer et 4 p. o/o d'alumine.

L'exposition collective renfermait un ensemble complet de minerais, fontes, fers, aciers et produits accessoires des usines suédoises. Comme nouveauté, qui ne figurait pas à Paris en 1867, il faut mentionner le minerai manganésifère de Marnäs et Svartberg, avec sa gangue dense, lamelleuse, le knebellite (silicate de fer et de manganèse), et la fonte spéculaire que l'on en obtient à Finnbo, depuis 1868, et surtout dans le haut fourneau de Schisshyttan, appartenant à la société de la Königs et Laurahütte, en Silésie. La fonte spéculaire de Finnbo contient 9 à 10, celle de Schisshyttan 12 à 15 et même, exceptionnellement, jusqu'à 20 p. o/o de manganèse.

Ces fontes renferment d'ailleurs, comme tous les minerais de Suède, un peu de phosphore, mais la proportion n'en dépasse pas 0,0003. Une analyse des fontes Bessemer de l'usine de Hammarby accuse la même teneur, c'est-à-dire un chiffre peu différent de 0,00027, ci-dessus indiqué pour Fagersta; enfin, dans les aciers Bessemer de la même usine, pour tôles, essieux, canons de fusil et outils divers, des quantités variant entre 0,00022 et 0,00028.

A Wickmanshyttan, on fabrique de l'acier fondu au creuset, par le procédé Uchatius. On ajoute à la fonte granulée un mélange de minerai riche et un peu de charbon de bois, l'un et l'autre réduits en poussière fine. On fabrique ainsi de l'acier dur, fort apprécié en Suède, pour armes blanches, pièces de coutellerie, outils de tour, et même pour étampes et coins de monnaies.

Le four Siemens-Martin fonctionne à Motala, Munkfors et Lisjöfors; le gaz provient d'un générateur Lundin au bois.

Enfin, à Osterby, les creusets pour fondre l'acier sont également chauffés dans un four Siemens-Lundin au bois ou à la tourbe.

Plusieurs usines ont exposé de très-beaux fils de fer et des câbles pour mines. Lisjöfors est spécialement connu sous ce rapport. On sait que le fer suédois est recherché pour ce genre de fabrication en Angleterre, en Allemagne et en France.

Le puddlage est peu répandu en Suède et ne le sera probablement jamais. Ce sont les affinages Bessemer et Siemens-Martin, et non le puddlage, qui remplaceront un jour, en Suède, l'ancien bas foyer. Seule, l'usine de Motala a adopté le travail anglais à la houille. Dans son exposition, on voyait des fers façonnés, de grandes tôles, des pièces embouties, des roues de wagons, et, en général, tout ce qui se rapporte au matériel des chemins de fer.

Citons en dernier lieu les produits de Finspong, avec ses canons en fonte de fer si renommés.

C'est une fonte tenace, presque malléable, obtenue à l'air froid. Mais, tandis qu'autrefois les canons suédois étaient coulés en première fusion, on a adopté aujourd'hui, même à Finspong, la fabrication en fonte au réverbère.

On y a reconnu, comme ailleurs, la supériorité de la fonte de seconde fusion.

NORWÉGE.

L'industrie minérale de la Norwége est peu importante, si l'on en excepte les mines de cuivre d'Alten et de Röraas, la mine d'argent de Kongsberg, et quelques exploitations nouvellement ouvertes, qui ont fourni, en 1871, 50,000 tonnes de pyrites de fer.

La production en minerais de fer est de 20,000 tonnes à peine, et celle des usines à fer de 6,250 tonnes de fonte brute, 1,750 tonnes de fonte moulée et 4,000 tonnes de fer en barres.

Plusieurs forges ont été éteintes récemment, et, si les minerais de fer devaient à l'avenir être de nouveau exploités plus activement, ce serait pour leur exportation à l'état brut. C'est le cas des pyrites de fer, qui vont en Angleterre, ainsi que la majeure partie du minerai de cuivre : 34,000 sur un total exploité de 47,000.

Le nombre des ouvriers mineurs est de 2,600, dont 1,270 sont occupés aux mines de cuivre.

La production en cuivre métallique n'est que de 500 tonnes.

En fait de matières minérales, on exporte en outre de l'apatite, du feldspath et un peu de nickel.

RUSSIE.

Les principales usines à fer de la Russie sont situées dans l'intérieur de l'Oural.

Un autre district minier existe en Pologne, sur les frontières de la Silésie; quelques usines moins importantes se voient en Finlande, aux environs de Moscou et dans le sud de la Russie.

La production totale en 1871 fut :

En fonte, de.............................	360,874 tonnes.
Fers et rails, de........................	196,138
Tôles, de...............................	50,183
Aciers, de..............................	7,253

Les usines de l'Oural sont, à quelques égards, dans les mêmes conditions que celles de la Suède : minerais riches et purs, forêts étendues. Sous d'autres rapports, la différence est grande : l'exportation est difficile, on est loin de la mer. Par compensation, la consommation intérieure absorbe tout, et un riche bassin houiller, récemment découvert au pied de l'Oural, suppléera un jour au manque de bois. Les mines et les usines sont entre les mains de riches propriétaires, en mesure d'adopter les procédés nouveaux et de fonder de vastes établissements. Déjà on y rencontre les cornues Bessemer, les fours Siemens et Martin, de grandes fonderies de canons en acier, des laminoirs pour plaques de blindage, etc.; en un mot, des fabrications variées sur la plus vaste échelle. Aussi l'exposition de la Russie offrait-elle des produits nombreux et remarquables.

Dans celle du prince Demidoff, on voyait, à côté de lingots et de tôles de cuivre, de malachites et de minerais d'or et de platine, de beaux spécimens de fonte, de fer et de d'acier bruts et travaillés. On y fabrique spécialement, au bas foyer, des loupes énormes du poids de 1,000 kilogrammes, dont on fait des tôles de chaudière pour éviter les défauts de soudure.

L'usine d'Ivanov, au prince Constantin, occupe 2,000 ouvriers. Il y a là plusieurs hauts fourneaux, des fours de puddlage, des bas foyers, etc.; en outre, depuis 1869, un four Siemens, le premier de l'Oural.

Dans le gouvernement de Perm, la couronne possède une douzaine d'usines, dont les plus importantes sont Lougansky, Slatoust, Artinsky, Kamsky, Perm, Goroblagodat, etc.

Il y a là, ainsi que chez le prince Demidoff, plusieurs fours *Raschette*. Dans les usines à cuivre, ils sont rectangulaires et ont jusqu'à 14 tuyères sur chaque face.

Les hauts fourneaux à fer du système Raschette sont ovales et n'ont que 6 tuyères en tout. Aux deux bouts du grand axe sont les avant-creusets, mais l'un d'eux reste fermé.

La forge de Kamsky a exposé d'énormes poutres en fer laminé, du poids de 1,120 kilogrammes, ayant la forme de gros rails Brunel. Elles ont 6 mètres de longueur, 30 centimètres de hauteur, 25 centimètres d'épaisseur. On les cintre pour soutenir des blindages en bois.

Dans la fonderie de Perm, on coule et forge de grands canons en acier fondu. Pour le forgeage, on se sert d'un énorme marteau-pilon de 5o tonnes, dont les plans et le modèle étaient exposés à Vienne. Le cylindre moteur a 4^m,20 de hauteur; la chabotte pèse 620 tonnes. Les fondations, sous cette chabotte, ont 10 mètres de profondeur, et se composent alternativement de rangées de pierres de taille et de poutres jointives. Le cylindre moteur est porté par deux bâtis en fonte pesant 87 tonnes, et ces supports sont eux-mêmes établis sur une charpente en tôle forte, dont les feuilles ont 25 millimètres d'épaisseur et pèsent ensemble 72 tonnes.

Le piston et la tige sont en acier forgé d'une seule pièce; leur poids réuni est de 27 tonnes, tandis que la tête du marteau, portée par la tige, pèse 23 tonnes.

Le marteau peut fonctionner à double effet, c'est-à-dire avec vapeur par-dessus. La course ordinaire est de 3 mètres.

Parmi les objets exposés, on doit citer encore des canons en fonte et en acier, d'énormes obus, des frettes en acier fondu, de grosses tôles, des chaînes, des faux, des lames de scies, etc.

A côté des grandes usines impériales, les établissements de la comtesse Stenbock-Fermor ont exposé des tôles fines, et les héritiers Rostorgouieff de belles pièces d'art moulées et des tôles polies.

En dehors de l'Oural, l'une des plus importantes forges de la Russie est celle de l'Arcadie, près de Saint-Pétersbourg, fondée en 1865 par M. Poutiloff. L'établissement comprend aujourd'hui 4 hauts fourneaux, 3 appareils Bessemer, 11 trains de laminoir, 83 fours à réverbère, et occupe 4,000 ouvriers. On y fabrique surtout des rails en fer et en acier, des pièces de croisement en fonte durcie, et d'autres objets pour matériel de chemins de fer. Dans les hauts fourneaux, on traite le minerai des lacs de la Finlande; dans la cornue Bessemer, des fontes de Suède.

Dans plusieurs forges de la Finlande, il y a des fours de puddlage au bois, entre autres à Mariéfors et à Raïvolo.

ITALIE.

Par suite de la rareté des combustibles, tant végétaux que minéraux, l'industrie du fer est peu développée en Italie, malgré la riche mine de fer de l'île d'Elbe et les beaux fers spathiques des Alpes.

En Lombardie, il y a une vingtaine de petits hauts fourneaux au bois, dont la production totale n'est que de 10,000 tonnes, provenant de 23 à 24,000 tonnes de minerais.

En Toscane, à Follonica et à Cécina, on fond 30,000 tonnes de minerai oligiste de l'île d'Elbe. On en retire 15,000 tonnes de fonte; ce qui fait, pour l'Italie entière, une production totale de 25,000 tonnes de fonte.

L'affinage de la fonte commence à se développer en Lombardie, grâce à l'emploi de la tourbe. En 1864, la production en fer et acier n'y était encore que de 7,000 tonnes; en 1872, elle a atteint le chiffre de 16,545 tonnes. Il faut surtout attribuer ce résultat aux efforts de M. Gregorini, qui a introduit dans son usine de Lovere, à l'aide de deux fours Siemens, le puddlage au gaz de tourbe. Il y fabrique à volonté du fer ou de l'acier. Mais ce n'est là qu'un premier pas. Si l'on veut utiliser convenablement les fers spathiques des Alpes, il faut avoir recours plus largement encore, comme en Carinthie, aux abondantes tourbes des vallées alpines. Il faut adopter, sinon le Bessemer, au moins le procédé Martin, et tenter même la réduction au réverbère, en appliquant les récentes méthodes de MM. Siemens et Ponsard.

En Toscane, l'affinage de la fonte se fait toujours au bas foyer; aussi la production totale de l'Italie, en fer et acier, ne dépasse-t-elle guère 24,000 tonnes.

Les minerais de l'île d'Elbe profitent surtout à la France et à l'Angleterre. Ces dernières années on en a exporté 80 à 90,000 tonnes; mais on s'est engagé à en livrer annuellement aux usines françaises 140,000 tonnes, et aux Anglais 160,000 tonnes. En retour, on se propose d'amener du coke pour fondre sur les lieux mêmes une partie du minerai. L'île de Sardaigne fournit également à la France 20 ou 25,000 tonnes de minerai pur.

ESPAGNE.

Les richesses minérales de l'Espagne sont connues depuis longtemps. Ce pays pourrait produire infiniment plus de fer que l'Italie, si la tranquillité y régnait et si les voies de communication y étaient plus développées.

En 1869, l'Espagne a produit :

Fonte.................. 34,500 tonnes (dans 50 hauts fourneaux).
Fer.................... 35,600 tonnes ⎫une partie du fer vient de
Acier................. 250 tonnes ⎭ 190 forges catalanes.

A côté de cela, l'exportation des minerais tend à prendre de vastes proportions. En 1869, elle était déjà de 133,000 tonnes, et dépassera bientôt un million. La majeure partie provient des environs de Bilbao et se dirige sur l'Angleterre; mais la France, l'Allemagne et la Belgique (les usines de Seraing et de Krupp surtout) vont en recevoir aussi de fortes quantités.

Les principales usines dont les produits se trouvaient à Vienne.sont :

La forge de la Trubia, dans les Asturies, comprenant 3 hauts fourneaux au coke, 10 fours à puddler, une fonderie d'acier au creuset, etc. Cet établissement, qui appartient à l'État, a exposé spécialement des fers laminés pour affûts, des canons de fusil en acier doux, de l'acier pour outils, etc.

L'usine du Pedroso, près de Séville, dont les fers et les aciers sont justement appréciés ;

L'établissement de Micrès, dans les Asturies, formé de 2 hauts fourneaux au coke et d'une forge anglaise ;

Enfin les forges au bois moins importantes de Burgos, Logrono, Vera, etc., dont les produits sont limités, mais de qualité supérieure. L'usine de Vera a spécialement exposé des roues pleines en fonte pour wagons de chemins de fer.

Les autres pays d'Europe, ou d'outre-mer, produisent peu de fer et n'ont, pour ainsi dire, rien exposé.

La production de la Suisse tend à décliner faute de bois et de combustible minéral : en fonte, c'est 10 à 12,000 tonnes; en fer affiné, 8 à 9,000 tonnes. La société de Roll (de Soleure), propriétaire des principales forges du Jura suisse, a exposé de beaux moulages et quelques fers.

Le Portugal n'a envoyé à Vienne que des minerais.

La Grèce possède de riches minerais que l'on commence à expédier en Angleterre. On voudrait les traiter sur les lieux mêmes avec des lignites, mais les essais n'ont pas encore abouti. L'Exposition de Vienne contenait, en outre, de beaux fers chromés des îles de la Grèce.

L'exposition de la Turquie renfermait des minerais, ainsi que les produits de leur traitement direct au bas foyer, tels que loupes, fers, aciers, armes, outils divers, etc.

Dans les vitrines de la Perse on voyait quelques objets analogues.

La Roumanie et la Chine se sont contentées d'exposer des minerais et des combustibles minéraux.

Le Japon avait, outre de beaux minerais, des fers et des aciers, avec des modèles de fourneaux, de martinets, de souffleries, qui permettaient d'apprécier les méthodes suivies dans ce pays. Les fours à cuve ont 2 mètres de hauteur; ce sont des fours à loupes, pareils aux anciens stükofen, employés en Europe dans le moyen âge.

Enfin les Indes orientales ont exposé des minerais, de la fonte, du fer, de l'acier et surtout des armes et des outils. On y voyait de petits lingots d'acier Wootz de Mysore et le modèle d'un fourneau des environs de Madras.

ANNEXE.

VALEUR DES MINERAIS EXTRAITS.

Dans mon rapport sur l'Exposition des matières minérales, la valeur totale des minerais extraits annuellement a été estimée à 1,600 millions (page 5).

Il importe de justifier cette évaluation sommaire.

Je ferai remarquer d'abord qu'il s'agit de la valeur des *minerais sur le carreau des mines*, et non de celle des métaux provenant de ces minerais ; c'est, par suite, la valeur des métaux moins les frais dus au traitement métallurgique. Connaissant le poids des métaux produits, on peut en déduire approximativement la valeur des minerais. C'est ce que nous allons faire successivement pour les métaux principaux.

1° Or. — Je suppose les minerais d'or ramenés à l'état de poudre riche, telle qu'elle est reçue par les hôtels des monnaies ou par les ateliers de fusion et d'amalgamation. Ainsi enrichis par la préparation mécanique, leur traitement est peu coûteux. Les frais peuvent être estimés à 5 p. o/o du métal produit, et par suite la valeur des minerais d'or sera les 95 centièmes de celle de l'or obtenu.

Les pays producteurs principaux sont la Californie, l'Australie, la Nouvelle-Zélande et la Russie.

D'après M. Roswag[1], ingénieur et auteur d'un ouvrage sur les métaux précieux, la production totale de l'or, pendant les quinze années 1857 à 1871, aurait été de 9,718 millions, soit 648 millions année moyenne. En consultant les documents officiels relatifs aux pays producteurs, on arrive, en effet, au chiffre approximatif de 650 millions, pesant à peu près 220 tonnes.

En *Californie*, on découvrit l'or dans le courant de 1849. Depuis lors et jusqu'en 1866, la production moyenne par année fut de 207 millions[2].

---

[1] *Journal officiel* du 31 décembre 1872 et du 29 janvier 1873.

[2] D'après le récent ouvrage officiel de M. Raymond, publié en 1873, la production, en 1872, ne paraît pas avoir dépassé 100 millions.

La colonie de *Victoria*, d'après le catalogue officiel anglais de l'Exposition de Vienne, a fourni, depuis le moment de la découverte de l'or, en vingt années (1851 à 1871), 4,108 millions, soit 205 millions annuellement.

La *Nouvelle-Galle du Sud* y ajoute, de son côté, 5 millions.

La *Nouvelle-Zélande* a fourni depuis 1857, année de la découverte, 544 millions en treize années, soit 42 millions en moyenne ; mais les dernières années ont donné 50 à 60 millions.

L'exploitation de l'or s'est considérablement développée en *Russie* depuis dix ans. En 1860, le poids de l'or produit était de 24,000 kilogrammes ; en 1871, de 38,400 kilogrammes ; soit une valeur de 115 millions de francs.

Outre ces principaux pays producteurs, on évalue à environ 60 millions l'or fourni par l'Asie (moins la Sibérie), l'Afrique et l'ensemble de l'Amérique (moins la Californie).

Enfin les États européens (moins la Russie) produisent 8 millions.

On a donc, en résumé :

Californie.	207 millions.
Australie.	210
Nouvelle-Zélande	50
Russie	115
Europe.	8
Asie, Afrique et Amérique (moins la Sibérie et la Californie).	60
TOTAL.	650 millions.

En retranchant 5 p. o/o pour frais de traitement, il reste, comme valeur approchée des minerais d'or, enrichis par lavage, 620 millions.

2° PLATINE. — La production du platine, qui avait considérablement baissé en Russie vers 1850, s'est de nouveau développée en même temps que celle de l'or. En 1871, elle a été supérieure à 2,000 kilogrammes. Si l'on ajoute à cette production celle du Brésil et de la Californie, on arrive à une valeur des minerais lavés d'environ 2 millions, et, pour celle du platine travaillé, à 3 millions.

3° ARGENT. — M. Roswag évalue à 3,367 millions la production en argent des quinze dernières années ; ce serait 224 millions année moyenne.

Sur ce chiffre, près de 5o millions viennent de l'Europe, y compris l'argent des minerais importés. On trouve en effet :

Pour l'Allemagne............................ 22 millions.
Pour l'Autriche.............................   6
Pour la Russie et la Sibérie................   3
Pour l'Angleterre...........................   5
Pour l'Espagne..............................   7
Pour la France..............................   7
                    TOTAL..................   5o millions.

ou plutôt 35 millions, lorsqu'on en défalque les minerais importés, pour éviter tout double emploi.

Le reste se répartit ainsi :

Le Mexique, l'Amérique centrale et quelques autres
    contrées [1]................................   6o millions.
Le Chili et le Pérou.........................   20
Le Colorado, la Nevada, etc.................. 110
                    TOTAL...................   19o millions.

Soit 225 millions, si l'on y ajoute les 35 millions fournis par l'Europe. En évaluant à 20 p. o/o les frais de traitement métallurgique, il reste, pour la valeur des minerais, 18o millions.

4° CUIVRE. — La production totale en cuivre, qui n'était pas de 100,000 tonnes en 1866, atteint aujourd'hui 125,000 tonnes. Cette quantité se répartit ainsi :

Angleterre..................................   70.000 tonnes.

> En 1871, les minerais anglais ont produit de 8,000 à 10,000 tonnes.
>
> On a importé en outre :
>
> Minerais.................. 46,000 tonnes.
> Mattes (regulus).......... 30,000
> Cuivre brut............... 32,000

France (matières importées)..................   10,000
Belgique (matières importées)................   2,000
Russie.......................................   4,200
Suède..   2,000
                    A reporter............   88,200

[1]. La production du Mexique a notablement baissé ces dernières années. Elle était de plus de 100 millions avant la dernière guerre. Cette réduction est plus que compensée par le développement des mines de la Nevada. En 1872, la production en métaux précieux s'est élevée dans ce seul district à 125 millions. Pendant les années 1866-1870, la moyenne était de 70 à 75 millions.

Report........... 88,200 tonnes.

Allemagne et Autriche...................... 11,000

Espagne............................ 3,500

États-Unis d'Amérique...................... 20,000

(Ce chiffre ne comprend que ce qui est affiné en Amérique même.)

Turquie, Japon, Chine, etc., environ............. 2,000

(Ce chiffre ne comprend pas le métal réaffiné en Europe.)

TOTAL........... 124,700 tonnes.

Nota. — Je ne compte rien explicitement pour le Chili, le Pérou, Cuba, l'Australie, etc., parce que les matières cuivreuses provenant de ces contrées sont retraitées en Angleterre, en France et en Belgique, et que la faible quantité affinée dans le pays même figure dans les 20,000 tonnes attribuées aux États-Unis et à l'Amérique.

Les 125,000 tonnes, au prix moyen de 2,000 francs, forment une valeur totale de 250 millions. Mais les frais de traitement, les bénéfices des fondeurs, les transports, etc., montent pour le moins à 75 francs par tonne de minerai, soit 600 francs par tonne de cuivre marchand ; ce qui fait, pour les 125,000 tonnes, une somme de 75 millions. Il reste donc, pour la valeur des minerais eux-mêmes, 175 millions.

En Angleterre, où les minerais sont relativement pauvres, leur prix de vente correspond sensiblement, dans le cours de ces dernières années, à 1,000 francs par tonne de cuivre extrait.

5° Zinc. — En 1866, la production du zinc était de 110.000 tonnes. Elle s'élève aujourd'hui à 160,000 tonnes.

Les deux principaux pays producteurs sont l'Allemagne et la Belgique. Les chiffres officiels sont, pour ces dernières années :

En Allemagne (1871)...................... 86,000 tonnes.

En Belgique (1872). 45,600

En Angleterre (1871).. 15,000

En France (1872)........................ 5,000

En Espagne (1869) 2,700

En Russie (1871)........................ 2,800

TOTAL................ 157,100 tonnes.

A quoi il faut ajouter le métal produit en Amérique et sur quelques autres points ; en sorte que l'on arrive, pour le moins, au chiffre de 160,000 tonnes. Il doit être à peine nécessaire de faire remarquer que la production précitée comprend les minerais venant de l'île de Sardaigne, d'Espagne, de Suède et d'ailleurs.

Les 160,000 tonnes de zinc métallique correspondent à 640,000 tonnes de minerai non grillé ni calciné. Leur valeur moyenne, en cet état, est de 50 à 60 francs. Le prix est plus élevé en Belgique et en Espagne, moindre en Allemagne, où leur teneur est faible. En admettant 55 francs, on arrive à une valeur totale de 35 millions.

6° FER. — Le poids des minerais de fer annuellement fondus se déduit du poids de la fonte, qui est de 14 millions de tonnes. En admettant une teneur moyenne de 40 p. o/o (avant grillage), on trouve un poids de 35 millions de tonnes.

En Angleterre, qui a produit, en 1871, 6,723,387 tonnes de fonte, la masse des minerais fondus fut de 16,859,000 tonnes, ce qui correspond sensiblement à la teneur de 40 p. o/o.

Or la valeur moyenne des minerais de fer fut, en Angleterre, de 8 fr. 60 cent. en 1870, et de 11 fr. 50 cent. en 1871. Dans les autres contrées, en France, en particulier, les minerais sont plutôt moins chers; mais, vu la hausse des deux dernières années, on peut admettre, en fin de compte, sans erreur sensible, que, sur le carreau de la mine, le prix moyen des minerais de fer est d'environ 10 francs la tonne, ce qui fait une somme de 350 millions.

7° PLOMB. — L'Espagne, l'Angleterre et l'Allemagne sont les trois plus importants pays producteurs en plomb. Vient ensuite l'Amérique du Nord, dont l'un des districts, celui de l'Utah, a produit à lui seul, en 1872, 10,200 tonnes de plomb. La production totale du globe peut être évaluée à 280,000 tonnes, qui se répartissent de la façon suivante :

Espagne (1869)...........................	73,000 tonnes.
Angleterre (1871)........................	69,000
Allemagne (1871)........................	57,000
France (en majeure partie de minerais importés)..	20,000
Belgique (1872)..........................	6,500
Grèce (1871)............................	10,000
Autriche-Hongrie (1871)...................	6,000
Sardaigne (1869).........................	2,000
Russie (1871)...........................	1,600
District de l'Utah (1872)..................	10,200
Le reste de l'Amérique et les autres contrées, environ...............................	25,000
TOTAL..................	280,300 tonnes.

Ce qui correspond approximativement à 600,000 tonnes de minerais.

En estimant le plomb à 400 francs la tonne, on trouve pour la valeur
du métal 112 millions, dont il faut déduire les frais de fusion et de transport, que l'on peut estimer à 60 francs par tonne de minerai, soit 125 francs
par tonne de plomb. Pour la production totale, cela fait 35 millions, et
laisse, pour la valeur des minerais, 77 millions, abstraction faite de l'argent contenu.

8° Étain. — L'étain est fourni par les Indes et l'Angleterre.

> D'après les documents officiels anglais, la production des
> usines d'étain du Cornwall fut, en 1871, de....... 10,900 tonnes.
>
> On a importé des Indes anglaises et des autres pays..... 8,500
> D'autre part, les Indes hollandaises ont fourni....... 7,500
>
> Total.................... 26,900 tonnes.

De sorte que, en y ajoutant les quantités fournies par la Saxe, la Bohême
et quelques autres contrées, on doit arriver à près de 30,000 tonnes
d'étain métallique, ou 50,000 tonnes de minerai *enrichi* par la prépara-
tion mécanique.

Le prix de l'étain a subi de grandes fluctuations ces dernières années.
En 1866, il était tombé à 2,000 francs, après avoir été à 3,500 francs en
1857; puis il est remonté à plus de 4,000 francs en 1872. En admettant 3,000 francs comme moyenne, on trouve 90 millions pour la valeur
de l'étain, et, par suite, au moins 80 millions pour celle des minerais; car
on ne peut compter au delà de 200 francs pour les frais de traitement et
de transport de la tonne de minerai (le grillage des minerais impurs
étant compris dans le traitement métallurgique).

9° Mercure. — Le mercure est surtout fourni par l'Espagne et les
États-Unis :

> En 1869 { l'Espagne a produit..... .... 1,124 tonnes.
> les États-Unis................... 1,200
> Idria (en Carniole)................ 400
>
> Total............. 2,724 tonnes.

En y ajoutant les quantités fournies par les autres contrées, on doit
arriver, au maximum, à 3,500 tonnes, dont la valeur, à 5,000 francs
la tonne, est de 17 millions et demi; d'où celle des minerais d'environ
16 millions.

10° MANGANÈSE. — L'Espagne et l'Allemagne produisent la majeure partie des minerais de manganèse consommés en Europe.

L'Espagne a fourni
- en 1867 .... 32,700 tonnes.
- en 1868 43,200
- en 1869 29,400

L'Allemagne (1872)	17,000
L'Angleterre, au plus (1871)	1,000
La Suède	500
L'Italie	2,000
La France	3,000

L'Angleterre, qui est le principal consommateur, en a reçu 30,000 tonnes de l'étranger en 1871.

D'après cela, on peut évaluer la production totale des minerais de manganèse entre 50,000 et 60,000 tonnes par année, ce qui correspond, sur les mines, à une valeur d'environ 3 millions.

11° PYRITES DE FER. — Les pyrites de fer sont surtout exploitées dans le sud-ouest de l'Europe, pour la fabrication de l'acide sulfurique. En 1871, on en a importé 454,500 tonnes en Angleterre, dont la majeure partie de l'Espagne et du Portugal.

La production actuelle se répartit ainsi :

Espagne (1869)	270,000 tonnes.
Portugal	120,000
France (1873)	160,000
(Soit 120,000 tonnes de Saint-Bel et 40,000 du Gard.)	
Allemagne (1872)	150,000
Angleterre (1871)	62,000
Belgique (1872)	25,000
Norwége (1871)	50,000
Italie (1870)	5,000
TOTAL	842,000 tonnes.

En y ajoutant les pyrites de divers autres lieux, on arrive à un total d'environ 850,000 tonnes, dont la valeur sur les mines est d'au moins 20 millions.

12° SOUFRE. — L'Italie fournit annuellement de 200,000 à 250,000 t. de soufre brut, valant 25 millions. On peut y ajouter 5 millions pour les autres pays, soit en tout 30 millions.

En résumé, la production annuelle des plus importants métaux et minerais peut approximativement être représentée par les chiffres suivants :

DÉSIGNATION des MÉTAUX ET MINERAIS.	MÉTAUX.		MINERAIS.	
	POIDS.	VALEUR.	POIDS.	VALEUR.
	tonnes.	francs.	tonnes.	francs.
Or................	220	650,00,0000	//	620,000,000
Argent.............	1,100	225,000,000	//	180,000,000
Platine.............	3	3,000,000	//	2,000,000
Cuivre.............	125,000	250,000,000	//	175,000,000
Zinc..............	160,000	64,000,000	640,000	35,000,000
Fer (fonte)..........	14,000,000	//	35,000,000	350,000,000
Plomb.............	280,000	112,000,000	600,000	77,000,000
Étain.............	30,000	90,000,000	50,000	80,000,000
Mercure...........	3,500	17,500,000	//	16,000,000
Oxydes de manganèse...	//	//	55,000	3,000,000
Pyrite de fer........	//	//	850,000	20,000,000
Soufre brut.........	//	//	300,000 (environ.)	30,000,000
Minerais divers (antimoine, cobalt, nickel, bismuth, cadmium, etc.)	//	//	//	12,000,000 (au maximum).
TOTAL..				1,600,000,000

Ainsi, la valeur totale des minerais divers, non compris le sel marin, les phosphorites, les combustibles et les autres matières minérales, s'élève à la somme approximative de................... 1,600 millions, tandis que les combustibles *minéraux*, non compris les bitumes, valent............................ 2,500 millions.

Paris, fin janvier 1874.